POLLINO UND POLLINA ENTDECKEN DIE WELT

Reinhard Keller · Bernd O. Schmidt
Stephan Hörmann

Spaß mit Kunst und Kultur in

VENEDIG

Ein Reiseführer für Kinder und die ganze Familie

edition KAPPA

edition KAPPA, Verlag für Kultur und Kommunikation, München
3. überarbeitete Auflage 2006

www.edition-kappa.com

Illustrationen: Stephan Hörmann

Gestaltung: Birgit Feigl

Fotos: Bernd O. Schmidt

ISBN 3-937600-05-1

Mit Pollino und Pollina in Venedig

Venedig. - Viele von euch haben sicher von der bezaubernden Stadt in der Adria schon gehört oder haben sie sogar besucht. Venedig ist so ganz und gar nicht wie andere Städte: Verwinkelte Gassen, unzählige alte Paläste, jeder für sich ein Kunstwerk, prachtvolle Kirchen, und - wie herrlich - keine Autos! Stattdessen schippern Einheimische und Besucher auf Booten durch die Wasserstraßen, und auf den malerischen Plätzen sind nur Fußgänger zu sehen.

Aber ein Aufenthalt in Venedig kann für Ortsunkundige ganz schön anstrengend sein. Die Wege zu den Sehenswürdigkeiten scheinen kurz, doch am Abend hat man dann letztlich kilometerlange Fußmärsche hinter sich gebracht. Nicht zuletzt, weil man im Gassengewirr Venedigs des Öfteren den Überblick verloren hatte. Um euren Aufenthalt in der Stadt interessant und angenehm zu machen, haben wir einen Reiseführer mit fünf Touren für euch vorbereitet, die ihr bequem mit euren Eltern jeweils an einem halben Tag machen könnt.

Auch diesmal sind die unternehmungslustigen Geschwister Pollino und Pollina eure Begleiter. Die beiden zeigen euch die Stadt mit ihren einzigartigen Sehenswürdigkeiten und führen euch zu den umliegenden Inseln. Pollina interessiert sich für Kunst und kennt eine Menge spannender Geschichten, die über das sagenumwobene Venedig erzählt werden. Und ihr Bruder Pollino ist in Venedig ganz in seinem Element. Er liebt die Welt des Meeres: Meerestiere, Schiffe und Boote. Auf ihrer Entdeckungsreise treffen Pollino und Pollina immer wieder auf venezianische Kinder und Erwachsene, die ihnen über das Leben in Venedig von heute und einst berichten.

Damit ihr auch immer den richtigen Weg findet, gibt es zu jedem Rundgang genaue Stadtpläne. Darin sind die jeweils beschriebenen Sehenswürdigkeiten eingezeichnet, ebenso Museen oder Läden, in denen ihr typisch venezianische Produkte einkaufen könnt. Die Karten zeigen euch auch, wo ihr unterwegs essen, trinken oder mal ein Eis schlecken könnt. Die genauen Adressen findet ihr im Kapitel »Freizeit«. Hier müsst ihr nur unter der jeweiligen Nummer nachsehen.

Wir wünschen euch viel Spaß bei eurem Aufenthalt in Venedig!

Bernd, Reinhard und Stephan

Inhalt

Wo findet ihr was im Reiseführer?

Einzigartiges Venedig – die Bewohner gaben der Stadt den Beinamen »La Serenissima« – »Die Durchlauchtigste«

Wo findet ihr was im Reiseführer?

Wer eine Stadt kennen lernen will, der sollte sich zunächst mit ihrer Geschichte und Kultur beschäftigen. Das gilt auch für die »Märchenstadt« Venedig, eine Stadt voller Zauber und Geheimnisse. Deshalb beginnt der Reiseführer mit dem Kapitel »Eine kleine Geschichte Venedigs«. Hier erfahrt ihr, wie aus einem kleinen Fischerdorf eine der schönsten und einst mächtigsten Städte der Welt wurde. (Ab S. 12)

Im Anschluss begebt ihr euch auf Entdeckungsreise mit Pollino und Pollina. Sie begleiten euch auf den drei **Rundgängen** durch die Stadt und auf zwei Insel-Touren.

1) Der Rundgang zu den schönsten Plätzen Venedigs bringt euch gleich zum berühmtesten Platz der Stadt, dem Markusplatz. Dort stehen die bedeutendsten Bauwerke Venedigs, die Markuskirche und der Dogenpalast. Anschließend lernt ihr weitere Plätze in der Nähe mit spannenden Geschichten kennen. (Ab S. 40)

2) Es folgt eine Fahrt durch die »schönste Straße der Welt«, den Canal Grande. Die reich verzierten Paläste am größten und tiefsten Kanal Venedigs vergegenwärtigen euch ein Bild von der einstigen Pracht der Lagunenstadt. Oft wundersame Geschehnisse spielten sich in diesen Palästen ab. (Ab S. 74)

3) Das Rialto-Viertel ist der älteste Stadtteil Venedigs. Hier entstand die Stadt. Der Spaziergang durch dieses Viertel führt euch vorbei zu Bauten und Kunstwerken, die 1000 Jahre Geschichte erzählen, und hier erlebt ihr den Alltag der Menschen im Venedig von heute. (Ab S. 96)

Zwei Insel-Touren ergänzen die Rundgänge:

Die kleinere Insel-Tour führt rund um die Insel Venedig. Hier macht ihr Bekanntschaft mit dem Seefahrer-Volk der Venezianer und seinen Gondeln, Booten und Schiffen. Auf eurer Rundreise besucht ihr geschichtsträchtige Stadtgebiete mit herrlichen Sehenswürdigkeiten: die Giudecca-Insel; Castello, das Stadtviertel der Schiffsbauer; und das jüdische Ghetto, das älteste Ghetto Europas. (Ab S. 114)

Auf der großen Insel-Tour reist ihr durch das Lagunenmeer zu den großen und kleinen Inseln, die Venedig umgeben. Ihr besucht die »Glasinsel« Murano, macht einen Abstecher auf die Fischerinsel Burano mit ihren bunten Häuschen und entdeckt auf der Insel Torcello die Anfänge der Kunst und Geschichte Venedigs. Auf den Inseln trefft ihr auf eine Welt voller Sagen und Legenden. (Ab S. 134)

Im Anschluss folgt ein **Ausflug zum Lido di Venezia**. (Ab S. 149)

Das Kapitel **Museen** macht euch mit den interessantesten Museen Venedigs bekannt. Unter anderem besichtigt ihr die »Accademia«, die reichhaltigste Sammlung venezianischer Malerei. (Ab S. 151)

Die Seite **Tipps** listet noch einmal die wichtigsten (Internet-)Adressen für euren Urlaub in Venedig auf. (S. 162)

Mit den Sitten und Bräuchen der Stadt macht euch das Kapitel **Feste und Feiertage** bekannt. (Ab S. 163)

Im Kapitel **Freizeit** erfahrt ihr, wo es gute Trattorien oder Restaurants, eine gute Pizza oder leckeres Eis gibt; welche Hotels sich als Ausgangspunkt für eure Entdeckungsreise eignen oder wo ihr typische venezianische Produkte, wie Masken oder Glasartikel, kaufen könnt. (Ab S. 169)

Die anschließenden **Begriffserklärungen** machen euch wichtige und komplizierte Begriffe aus Geschichte und Kunst verständlich. (Ab S. 179)

Zu guter Letzt sind viele Begriffe, Persönlichkeiten und Sehenswürdigkeiten, die in diesem Reiseführer genannt werden, mit entsprechender Seitenangabe im so genannten **Index** aufgeführt. (Ab S. 185)

Viele Wege führen nach Venedig ... Die Anreise

Mit dem Auto: Von Deutschland aus erreicht ihr Venedig mit dem Auto über die Autobahnen Brenner-Verona-Venezia oder Salzburg-Udine-Venezia. Wenn ihr die Brücke, die Venedig mit dem Festland verbindet, überquert habt, müssen eure Eltern das Auto in einem der Parkhäuser am Stadtrand abstellen. Weiter geht's nur zu Fuß durch die gepflasterten Gassen oder mit dem Boot, denn die Straßen Venedigs bestehen aus Wasser. Die verkehrsgünstigsten Parkhäuser befinden sich an der Piazzale Roma. Hier könnt ihr gleich an der Anlegestelle »Piazzale Roma« in die Vaporetto-Boote umsteigen, die euch in jeden Stadtteil Venedigs bringen. Sollten die Parkhäuser an der Piazzale Roma überfüllt sein (was besonders im Sommer der Fall ist!), gibt es Plätze auf der Parkplatzinsel »Tronchetto«. Für alle, die an der Adriaküste Richtung Triest Urlaub machen, bietet sich der Parkplatz von »Punta Sabbioni« an. Von hier verkehren Schiffslinien zur Piazza San Marco, dem Hauptplatz Venedigs.

Mit der Eisenbahn: Von allen großen Städten in Deutschland, der Schweiz und Österreich gibt es Direktverbindungen mit Schlaf-, Liege- und Speisewagen. Aber aufgepasst: Nicht im Vorort-Bahnhof »Venezia-Mestre« aussteigen! Erst wenn der Zug in den Bahnhof »Stazione Santa Lucia« einfährt, seid ihr in Venedig. Der Ausgang des Bahnhofs liegt direkt am Canal Grande. Von hier aus bringen euch die Vaporetto-Boote zu eurem Ziel.

Mit dem Flugzeug: Wer möglichst schnell in Venedig ankommen möchte, sollte sich ins Flugzeug setzen. Von Berlin, München, Zürich, Wien und vielen anderen Städten gibt es Direktflüge nach Venedig. Den Flughafen haben die Venezianer nach einem ihrer berühmtesten Bürger benannt: Marco Polo. Der Flughafen liegt in der Ortschaft Tessera etwa 13 km von Venedig entfernt. Busse bringen euch in 20 Minuten vom Flughafen zur Piazzale Roma. Sehr zu empfehlen ist die Fahrt mit dem Flughafenboot durch die Lagune bis nach San Marco. Die kostet zwar mehr als die Busfahrt und dauert länger, ist aber viel viel aufregender!

Wie kommt ihr wohin – oder: Welches Boot hättet ihr gern?

Da niemand übers Wasser gehen kann, seid ihr in einer Stadt wie Venedig, die vom Meer umgeben und von 170 Kanälen durchzogen ist, unbedingt auf Boote als Verkehrsmittel angewiesen. Das Vaporetto ist in Venedig das, was in einer anderen Stadt der Bus oder die Straßenbahn ist. Die Vaporetto-Linien führen durch alle größeren Kanäle der Stadt und zu den benachbarten Laguneninseln. An den Anlegestellen sind die Fahrpläne mit An- und Abfahrtszeiten angeschlagen. Fahrpläne gibt es auch kostenlos zum Mitnehmen an den Informationsständen im Bahnhof und an der Piazzale Roma. Ein wichtiger **Tipp:**

Solltet ihr euch in Venedig verlaufen, dann folgt immer den Schildern »Al Vaporetto« mit dem aufgemalten Pfeil. Sie bringen euch zur nächsten Vaporetto-Anlegestelle.

Für Fahrten in schmäleren und flacheren Kanälen benutzen die Venezianer ihre berühmte Gondel. Vielmehr benutzten, denn heute können sich nur noch die wenigsten Einwohner Venedigs eine eigene Gondel leisten. Auch für Touristen ist eine Gondelfahrt nicht gerade billig: Rund 60 Euro muss man für eine Fahrt von 40-50 Minuten Dauer bezahlen. Trotzdem solltet ihr eure Eltern dazu überreden, mit einem Gondoliere, einem Gondel-Fahrer, durch die Kanäle Venedigs zu rudern. Ein einzigartiges Erlebnis! In Venedig gibt es 12 Gondel-Standplätze, unter anderem beim Markusplatz, beim Bahnhof und bei der Piazzale Roma.

Das Traghetto ist eine Gondelfähre, die euch für wenig Geld auf die jeweils andere Seite des Canal Grande befördert. Sie ist sehr nützlich, wenn ihr euch Umwege über die drei Brücken, die über den Canal Grande führen, ersparen wollt. Die Fahrt ist nur

Ein Vaporetto. Vaporetti (die Mehrzahl von Vaporetto) sind die »Busse« Venedigs.

kurz, so dass sich die Passagiere nicht einmal hinsetzen. Traghetto-Standplätze gibt es an sieben Stellen entlang des Canal Grande.

Die doppelstöckigen Schiffe, Motonavi genannt, verkehren auf den Linien zu den Laguneninseln. Da diese Motonavi nur wenige Haltestellen anlaufen, sind sie wesentlich schneller am Ziel als die Vaporetti.

In Venedig verkehren auch Taxi-Boote. Wer es ganz eilig hat, wählt am besten folgende Nummer: 041-5 22 23 03. Aber: Die Wasser-Taxis können nicht jeden Kanal in der Stadt befahren und sind ziemlich teuer!

Fahrkarten für die öffentlichen Verkehrsmittel könnt ihr an fast allen Vaporetto-Stationen, in vielen Tabacchi-Läden oder Bars kaufen. An der Piazzale Roma, wo man mit dem Auto ankommt, befindet sich eine große Verkaufsstelle direkt am Zugang zur Anlegestelle der Vaporetto-Boote. Ansonsten gilt: Wo ihr das ACTV-Zeichen seht, gibt es Fahrkarten zu kaufen. Ihr könnt aber auch Fahrkarten direkt auf dem Vaporetto lösen. Allerdings müsst ihr gleich nach Betreten des Bootes den Bootsbegleiter danach fragen! Empfehlenswert ist der Kauf einer Tageskarte (24 Stunden) oder einer Drei-Tages-Karte (72 Stunden). Diese Tickets gelten für alle Fahrten in der Stadt und zu den Inseln in der Lagune.

An dieser Stelle noch ein besonderer Tipp für eure Eltern: Für viele Kirchen Venedigs müssen Erwachsene Eintritt bezahlen. Dafür gibt es eine praktische Lösung: Der CHORUS-PASS, er gilt für drei Tage und die Eintrittsgelder für sämtliche kostenpflichtige Kirchen sind damit entrichtet (den Chorus-Pass bekommt man an der jeweiligen Kirchenkasse).

Am Canal Grande gibt es mehrere Stellen, wo man sich mit einer Gondel übersetzen lassen kann. »Traghetto« heißt Fähre.

Bevor es losgeht ... eure Ausrüstung

Venedig ist keine sehr große Stadt. Trotzdem sind Fußmärsche durch die Stadt anstrengend: Immer wieder geht es auf und ab über Brücken, durch enge Gassen und an Kanälen entlang. Ihr braucht unbedingt feste, aber bequeme Schuhe. Wenn in Venedig Hochwasser herrscht, kommt ihr allerdings nur in Gummistiefeln voran. Viele Hotels stellen sie kostenlos zur Verfügung.

Als Ausrüstung für unterwegs gehört in euren Rucksack Folgendes: Eine Flasche Mineralwasser; Schutz vor Sonne und Regen: Sonnenbrille, Kappe und Regenjacke. Und damit euch das, was ihr seht, in Erinnerung bleibt: Notizblock, Stift und Fotoapparat. Zum genauen Hinsehen: ein Fernglas. Und nicht vergessen: den Reiseführer!

Was heißt ...

In Venedig begegnen euch bestimmte Wörter immer wieder. Einige wichtige findet ihr hier mit deutscher Übersetzung aufgelistet.

CALLE: schmale Straße, Gasse (eine CALLE STRETTA ist eine besonders enge Gasse, und eine CALLE LARGA eine breite Gasse)

CORTE: kleiner, geschlossener Innenhof

FONDAMENTA: Uferstraße oder Kai

RAMO: (auf Deutsch eigentlich »Zweig«) Abzweigung von einer Hauptgasse

RIO: kleiner, schmaler Kanal (ein RIO TERÀ ist ein zugeschütteter Kanal)

RIVA: bedeutende, breite Promenade am Ufer

RUGA: wichtige Gasse, meist mit Geschäften oder großen Palästen

SALIZADA: Hauptgasse im Stadtviertel (früher einer der ersten gepflasterten Wege in der Stadt)

SOTOPORTEGO: schmaler Durchgang

Die Geschichte Venedigs im Überblick

5. Jahrh. n. Chr. — **Die Besiedelung der Lagune von Venedig.** Im 5. Jahrhundert fallen Goten und Hunnen in die Küstenregion an der nördlichen Adria ein. Die Bevölkerung sucht Schutz auf den Inseln der Lagune.

811 — **Venezia-Venedig.** Im 9. Jahrhundert werden die Inseln besiedelt, auf denen die Stadt Venedig entsteht. Auf der von Kanälen durchzogenen Insellandschaft werden Holzhäuser gebaut und die Ufer mit Pfählen und Schilfmatten abgesichert. Reiche Adelsfamilien lassen sich nieder; so auch der oberste Fürst, der so genannte »Doge«. Für ihn wird eine Burg errichtet - dort, wo auch heute der Dogenpalast steht. Venedig - »Venezia« ist geboren.

9.–10. Jahrh. — **Der Aufstieg Venedigs.** Unter den Bewohnern der neuen Stadt sind viele fleißige Kaufleute. Vor allem im Orient betreiben sie Tauschgeschäfte und bringen von dort Samt- und Seidenstoffe, Purpur und Felle mit. Venedigs Reichtum erlaubt es bald, eine Schiffsflotte aufzubauen.

1000 — **Der Doge Pietro II. Orseolo** erobert mit der venezianischen Flotte Gebiete in Istrien und Dalmatien.

12. Jahrh. — **Venedig - eine Großstadt.** Es leben bereits zwischen 80.000 und 100.000 Menschen in der Stadt. Der Handel blüht.

1204 — **Venedig erobert die Stadt Konstantinopel.** Der rund 100 (!) Jahre alte Doge Enrico Dandolo führt die Flotte der Kreuzritter, die aufgebrochen sind, um die Araber aus Jerusalem zu vertreiben, nach Konstantinopel. Sie plündern Konstantinopel, die Hauptstadt des Byzantinischen Reiches. Viele Kunstschätze Konstantinopels werden nach Venedig geschafft.

5. Jahrh. n. Chr.

811

9.–10. Jahrh.

12. Jahrh.

1204

1284	**Geld als Zahlungsmittel.** Schon vor dem Jahr 1000 hatten die Venezianer die Silbermünze als Zahlungsmittel eingeführt. Jetzt gibt es den berühmten venezianischen Dukaten, die Zechine - auf Italienisch »zecchino« (tse-kino gesprochen).
13.-15. Jahrh.	**Der Höhepunkt von Macht und Reichtum.** Venedig ist eine Republik. Der Doge ist zwar das Oberhaupt Venedigs, jedoch ist sein Einfluss begrenzt. Die Geschicke Venedigs werden vom »Großen Rat« gelenkt, in dem die venezianischen Adeligen versammelt sind. Venedig erobert wichtige Gebiete im östlichen Mittelmeer und steigt zur größten Handelsmacht in Europa auf. Die Stadt hat im 15. Jahrhundert etwa 150.000 Einwohner.
16.-18. Jahrh.	**Der Niedergang der Stadt.** Venedigs politischer Einfluss schwindet, denn der Atlantische Ozean wird zur wichtigsten Handelsstraße. Doch der Reichtum der venezianischen Adeligen erlaubt ihnen ein verschwenderisches Leben.
1797	**Napoleon erobert die Stadt.** Der Doge muss abdanken. Nach fast 1000 Jahren verliert Venedig seine Unabhängigkeit. Die Macht der Stadt Venedig ist beendet.
heute	**Venedig - eine Attraktion für Touristen.** Heutzutage leben etwa 65.000 Venezianer in der Stadt. Das Leben gestaltet sich für die Bewohner dieser Stadt im Meer oft anstrengend: Alltagsgeschäfte lassen sich nicht schnell erledigen, denn in Venedig kommt man nur zu Fuß oder mit Booten voran. Doch dafür geht es in der Stadt viel ruhiger zu als in modernen Städten. Jährlich zieht Venedig etwa 12 Millionen Touristen an. Sie kommen, um Venedigs einzigartige Atmosphäre zu genießen und seine grandiosen Kirchen, Paläste und Kunstwerke zu bewundern.

13.-15. Jahrh.

16.-18. Jahrh.

1797

heute

Eine kleine Geschichte Venedigs

Aus der Vogelperspektive betrachtet, hat Venedig, die Stadt im Meer, die Form eines Fisches.

»He, aufwachen Pollina, wir sind in Venedig!" Pollino rüttelte seine Schwester, die sich den Schlaf aus den Augen rieb. »Was ist los?« »Da schau!«, sagte Pollino und zeigte aus dem Fenster. »Siehst du das Bahnhofsschild: ›Venezia‹.« »Ja, Venezia ..., und dann steht aber da noch ›Mestre‹, du Schussel! Aber wir müssen weiter bis zur Endstation ›Venezia Santa Maria‹, das ist der richtige Bahnhof von Venedig.«

Die Geschwister saßen mit ihren Eltern in einem Abteil des Schnellzuges nach Venedig. Die Familie hatte sich entschlossen, für einen Kurzurlaub in die Lagunenstadt zu reisen. »Wie wär's, wenn du mal einen Blick hier hinein werfen würdest. Du wüsstest dann vielleicht etwas besser über Venedig Bescheid.« »Okay«, brummte Pollino, »lass mal sehen!« Pollino liebt das Meer und alles was darauf und darin schwimmt: große und kleine Fische, Boote und Schiffe, Seefahrer und – Piraten. Er freute sich auf aufregende Fahrten durch die Lagune und die Kanäle Venedigs. Er schlug den Reiseführer auf. »Am besten, du beginnst mit dem Kapitel über die Geschichte Venedigs ...«, fügte seine Schwester hinzu.

Die Märchenstadt Venedig

Viele berühmte Besucher, die in die Lagunenstadt reisten, beschrieben Venedig als eine Stadt wie aus einem Märchen, voller Zauber und Geheimnisse. Und tatsächlich: Wie ist es möglich, eine ganze Stadt mitten im Meer zu errichten? Noch dazu eine der schönsten und einst größten Städte der Welt, mit prunkvollen Kirchen und Palästen.

Erste Fischerdörfer in der Lagune

Im 5. Jahrhundert nach Christus fielen Goten und Hunnen in die Küstenregion und in das Land an der Nordküste der Adria ein. Vor den anstürmenden Truppen brachten sich die Bewohner in der Lagune (vom lateinischen Wort »lacuna« - zu Deutsch »Lache« oder »Teich«) in Sicherheit. Diese Landschaft mit ihren vielen Schilf- und Schlamminseln bot hervorragende Verstecke und Schutz, denn das seichte, fast ruhende Gewässer war für die Schiffe ihrer Feinde nur sehr schwer befahrbar. Hier gab es nur wenige tiefe Rinnen, durch die ein Schiff manövriert werden konnte, ohne auf einer Sandbank zu stranden.

Auf den Inseln Malamocco (dem heutigen Lido von Venedig), Torcello und Murano beschlossen die Neuankömmlinge, für immer zu bleiben und nicht mehr aufs Festland zurückzukehren. Es waren Fischer, Salzarbeiter, Gemüsebauern und Fährleute, die sich hier niederließen. Sie errichteten auf dem schlammigen Boden einfache Holz- und Schilfhütten und bauten Wälle aus Weidengeflecht gegen Überschwemmungen. Ihre Boote waren berühmt: Besonders flach gebaut, konnten sie auch im nur knietiefen Wasser fahren.

Die Ansiedlungen auf den Inseln vergrößerten sich. Erneut fiel ein feindseliger Volksstamm in Oberitalien ein, die aus Skandinavien stammenden Langobarden. Wieder waren die Bewohner der Küsten zur Flucht gezwungen. Diesmal suchten nicht nur Fischer und Arbeiter auf den Inseln Schutz. Auch reiche Adelige und kirchliche Würdenträger waren es leid, ständig Überfällen und Plünderungen ausgesetzt zu sein.
Nun errichtete man stabile Holzhäuser auf den Inseln. Der weiche, schlammige Boden wurde vor dem Bau trocken gelegt und befestigt, dann eine Art Floß aus Holz, Schilf und Stein darüber gezimmert, und schließlich wurden die Holzwände hochgezogen. Das kleine Dorf auf der Insel Malamocco entwickelte sich durch den Handel mit Salz schnell zu einer blühenden Stadt, und Torcello wurde nicht nur zum Haupthafen in der Lagune, sondern auch zum Sitz des Bischofs erwählt.

Auf mehreren Inseln in der Lagune entwickelte sich Venezia – die Stadt Venedig.

Die Anfänge Venedigs

Die Inseln, aus denen das heutige Venedig besteht, wurden schließlich im 9. Jahrhundert besiedelt. Das kam so: Das Gebiet der Küsten- und Inselstädte in der Lagune und um sie herum hieß damals »See-Venetien« und gehörte zum oströmischen Kaiserreich, dem Byzantinischen Reich *(s. Begriffserklärungen)*. Zur selben Zeit herrschte der Römische Kaiser Karl der Große über die Provinzen, die See-Venetien umgaben. Karl hatte sie vom Papst als Geschenk erhalten. Doch der Römische Kaiser wollte seine Besitzungen vergrößern und beauftragte seinen Sohn Pippin, See-Venetien zu erobern. Pippin wurde allerdings von der venezianischen Flotte gestoppt. Auf seinem Kriegszug zerstörten die Männer Pippins eine Reihe von Lagunenstädten, unter anderem auch die von Malamocco. Deren Bewohner zogen daraufhin auf die »Rialto-Inseln«, eine Inselgruppe, die von mehreren kleinen und einem tiefen Kanal, dem »Canal Grande«, durchzogen waren. Auf den Rialto-Inseln wurden die kleinen Kanäle aufgeschüttet, um neuen Siedlungsraum zu schaffen, und andere wurden zu befahrbaren Wasserstraßen vertieft. Entlang der Kanäle errichteten die Bewohner Holzhäuser. Vor den Häusern befand sich ein schmaler, durch Schilfmatten und Pfähle abgesicherter Uferstreifen. An den Pfählen konnten die Boote verankert und Waren bequem ein- und ausgeladen werden. Der damalige Anführer der Venezianer (der so genannte »Doge«) hieß Angelo Partecipazio. Er ließ sich genau an der Stelle, wo der heutige Dogenpalast steht, eine Burg mit hohen Mauern und Ecktürmen bauen. Die reichen Adelsfamilien von See-Venetien folgten dem Dogen nach und ließen sich ebenfalls auf den Rialto-Inseln nieder. Das alles geschah im Jahr 811. Ab diesem Zeitpunkt wurde die Stadt auf den Rialto-Inseln »Venezia« – Venedig – genannt.

Nach der Niederlage seines Sohnes Pippin erhob Kaiser Karl der Große keinen Anspruch mehr auf See-Venetien. So blieb die neue Stadt zunächst Teil des Byzantinischen Kaiserreiches. Den Kaufleuten und Händlern konnte dies nur recht sein: Schon seit längerem betrieben sie im Orient

Die Lagune von Venedig: 55 x 12 km – sie ist in etwa so groß wie der Bodensee.

Tauschhandel. Von dort brachten sie wertvolle Samt- und Seidenstoffe, Felle und Purpur mit, allesamt Waren, die sie mit viel Gewinn zu Hause tauschen konnten.

Auf der Suche nach einem Schutzheiligen

Der Reichtum der jungen Stadt und ihrer Einwohner vergrößerte sich aufgrund des erfolgreichen Handels sehr schnell. Die Flotte wurde mit Kriegs- und Handelsschiffen ständig vergrößert, und auf den Inseln herrschte rege Bautätigkeit. Nur eines vermissten die Venezianer schmerzlich: einen »richtigen« Schutzheiligen (unter »Heilige«, s. Begriffserklärungen), der die Stadt vor Unglück bewahrte. In Italien besaß jede größere Stadt einen eigenen Schutzheiligen: Mailand den heiligen Ambrosius und Rom die Apostel Petrus und Paulus. Deshalb suchte auch das reiche Venedig einen ihm gebührenden Schutzheiligen.

Im Jahr 828 reisten zwei venezianische Kaufleute nach Ägypten. Der eine hieß Buono, der andere Rustico. Wegen eines starken Sturmes musste ihr Schiff den Hafen von Alexandria anlaufen. Dort plante zu jener Zeit der Kalif, die Kirche abzureißen, in der sich die Reliquien *(s. Begriffserklärungen)* des heiligen Markus befanden. Einige Mönche beschlossen, zumindest den einbalsamierten Leichnam des Heiligen vor der Zerstörung zu retten. Der heilige Markus war einer der vier Evangelisten *(s. Begriffserklärungen)*, die die Lebensgeschichte von Jesus aufgezeichnet haben. Später begleitete er die Apostel Petrus und Paulus auf ihren Reisen. Schließlich wurde er Bischof von Alexandria, wo der heilige Markus als Märtyrer starb *(s. Begriffserklärungen)*.

Buono und Rustico erklärten sich sofort bereit, den Mönchen zu helfen und die sterblichen Überreste des Heiligen nach Venedig zu schaffen. Mit einer List schmuggelten sie den Leichnam aus der Stadt. Die Ägypter gehören dem Islam an, und für diese Religion ist Schweinefleisch tabu. Da kam den beiden findigen Venezianern eine Idee: Sie nahmen den Leichnam des Heiligen, packten ihn in ein Fass und bedeckten ihn mit gepökeltem Schweinefleisch. Obendrauf legten sie noch Schinkenstücke. Die Zollbeamten nahmen diese »Ware« erst gar nicht unter die Lupe –

Den geflügelten Löwen, das Symbol des heiligen Markus, wählten die Venezianer zum Symbol ihrer Stadt. In der Tatze hält der venezianische Löwe ein Buch. Dort steht auf Lateinisch: Friede sei mit dir, Markus, mein Evangelist.

mühelos konnten sich Buono und Rustico an Bord ihres Schiffes begeben und segelten davon. Die Nachricht von der baldigen Ankunft des Schutzheiligen eilte den Kaufleuten voraus. Die Venezianer bereiteten den Dreien einen begeisterten Empfang. Das Symbol des heiligen Markus, ein Löwe mit Flügeln, wurde zum Wahrzeichen der Stadt. Zunächst versteckten die Einwohner den Leichnam in der Dogenburg, aus Angst, er könnte ihnen gestohlen werden. Doch schon bald, noch im selben Jahr, wurde mit dem Bau der Markuskirche begonnen, in der die kostbaren Reliquien aufbewahrt und ausgestellt werden sollten.

Der Leichnam des venezianischen Schutzheiligen musste allerdings noch so manches Abenteuer überstehen. Etwa 150 Jahre später brannte die Markuskirche nieder, und der heilige Markus war plötzlich verschwunden. Niemand konnte sich mehr erinnern, dass die Reliquien des Heiligen noch vor dem Brand in einen Pfeiler der Kirche eingemauert worden waren. Die Venezianer waren verzweifelt. Sollte ihre mächtige Stadt erneut ohne Schutzheiligen sein? Doch bei der Einweihung der neu errichteten Markusbasilika kamen die Reliquien des heiligen Markus wieder zum Vorschein. Wie durch ein Wunder öffnete sich jener Pfeiler und die Überreste des Heiligen waren im Mauerwerk zu sehen.

Vorsichtshalber legten die Venezianer ihren Schutzheiligen jetzt in die Krypta unter der neuen Markuskirche. Doch den wertvollen Reliquien widerfuhr ein weiteres Unglück: Im 16. Jahrhundert wurde die Krypta zugemauert, und der heilige Markus war ein weiteres Mal verschollen. Erst 250 Jahre später hat man die Überreste des Heiligen wieder gefunden. Seitdem hat der heilige Markus seine bleibende Ruhestätte direkt unter dem Hauptaltar der Markuskirche - hoffentlich verlieren die Venezianer ihren Schutzheiligen nicht noch einmal!

Venezianisches Geld

Findige Händler und Kriegsherren

Im Orient handelten die Venezianer vor allem mit Holz. Dafür erhielten sie Gold und Silber und teure Stoffe, Pfeffer und andere Gewürze. Da niemand sonst in Europa im Besitz solcher Waren war, erzielten sie damit nach ihrer Rückkehr riesige Gewinne. Zur Jahrtausendwende war Venedig schon so reich geworden, dass es eine schlagkräftige Kriegsflotte unterhalten konnte. Diese eroberte immer mehr Gebiete in der Adria, in Istrien und in Dalmatien. Und im 11. Jahrhundert war Venedig schließlich nicht länger Untertan der byzantinischen Herrschaft, sondern ein Verbündeter von Byzanz. Der Byzantinische Kaiser hat den Venezianern sogar eine Sonderstellung eingeräumt: Sie durften im ganzen Byzantinischen Reich Handel treiben, ohne dafür Abgaben zahlen zu müssen.

Die Venezianer stellten bald die im Mittelalter üblichen Tauschgeschäfte ein und benutzten bereits vor dem Jahr 1000 die Silbermünze als Zahlungsmittel. Ab dem Jahr 1284 gab es den berühmten venezianischen »Dukaten«. Später stanzte die venezianische Regierung den ersten Golddukaten, die so genannte Zechine (Italienisch heißt sie: »zecchino« - sprich »tse-kino«). Diese Goldmünze zeigte auf der einen Seite immer den Schutzheiligen der Stadt, den heiligen Markus. In den folgenden 500 Jahren bezahlten die venezianischen Händler ihre Waren stets mit dem »zecchino«, der in Europa und auch im Orient als Zahlungsmittel anerkannt und verbreitet war.

Ihren Reichtum vermehrten die venezianischen Geschäftsleute sehr geschickt. Auch die Kreuzzüge nutzten sie zu ihrem Vorteil. Im 11. und 12. Jahrhundert eroberten moslemische Truppen große Teile des Heiligen Landes, unter anderem auch die Stadt Jerusalem. Das war - und ist heute noch - neben Rom die wichtigste Stadt des Christentums. Um das Heilige Land wieder in Besitz der Christen zu bringen, riefen die Päpste zu insgesamt vier Kreuzzügen gegen moslemische Truppen und Herrscher auf. Die Seemacht Venedig organisierte den Transport der Kreuzritter. Natürlich gegen Bezahlung. Als Papst Innozenz III. den vierten Kreuzzug anordnete, »vermietete« Venedig 200 Schiffe mit Proviant an die Kreuzritter, die sich aus ganz Europa eingefunden hatten. Zusätzlich stellte Venedig 50 Kriegsgaleeren zur Verfügung. Auch das zu seinem Vorteil. Denn auf ihrem Weg ins Heilige Land sollten als Gegenleistung weitere wichtige Städte an der Mittelmeerküste erobert werden. Die kriegerische Flotte, die schließlich auf 500 Schiffe angewachsen war und die unter der Flagge Venedigs fuhr, eroberte neben der kroatischen Hafenstadt Split schließlich auch Konstantinopel. Die Hauptstadt des Byzantinischen Reiches wurde von den Soldaten und Rittern geplündert. Wertvolle Kunstschätze gelangten daraufhin nach Venedig, unter anderem die vier Bronzepferde, die auf der Terrasse der Markusbasilika ihren neuen Platz fanden.

Auch mit den Pilgern, die die Stätten des Heiligen Landes besuchen wollten, betrieb Venedig stets einträgliche Geschäfte. Wie ein modernes Reisebüro erdachten die Venezianer perfekt organisierte Reisen. Sie beinhalteten die Hin- und Rückreise, einen Eselritt nach Jerusalem und die Entrichtung sämtlicher Zölle für die christlichen Reisenden im Heiligen Land.

Der Doge und die Republik – Wer regierte Venedig?

Als Enrico Dandolo, der »Eroberer Konstantinopels«, 1192 sein Amt als Doge antrat, war er bereits über 90 Jahre alt und fast erblindet. Ein derart hohes Lebensalter zu Beginn des Doganats, wie die Regierungszeit eines Dogen bezeichnet wird, war keine Seltenheit. Im Durchschnitt waren die Dogen bei ihrer Wahl etwa 70 Jahre alt. Doch erstaunlicherweise haben vom ersten bis zum letzten Dogen, das ist ein Zeitraum von 1100 Jahren, nur insgesamt 120 Dogen Venedig regiert. Der letzte Doge war Ludovico Manin. Er musste im Jahr 1797 nach der Besetzung Venedigs durch französische Truppen, angeführt von Napoleon, zurücktreten. Aber was war denn nun eigentlich ein Doge? Keine leichte Frage, denn die Rolle und die Bedeutung eines Dogen wandelte sich im Verlauf der Geschichte Venedigs.

Als See-Venetien noch Teil des Byzantinischen Reiches war, musste jede Stadt dieser Provinz einen Mann bestimmen, der sich um die Verwaltung und die öffentliche Ordnung kümmerte. Im Jahr 697, also bevor das eigentliche Venedig auf den Rialto-Inseln entstand, wurde der erste Führer See-Venetiens von den Vertretern des byzantinischen Kaisers ernannt. Es soll ein Mann namens Paoluccio Anafesto gewesen sein. Doch die geschichtlichen Ereignisse sind sehr undurchsichtig. Und so behaupten die Geschichtsforscher, dass es besser sei, den Mann Orso Ipato als ersten Dogen Venedigs zu bezeichnen. Er wurde im Jahr 726 gewählt. Die ersten Dogen hatten ihren Amtssitz auf dem Festland. Aber schon bald wurde dieser auf die Insel Malamocco verlegt. Nachdem Malamocco durch die Truppen Pippins zerstört worden war, zog der damalige Doge Angelo Partecipazio auf die Rialto-Inseln und ließ, wie ihr bereits erfahren habt, in diesem Gebiet den ersten Dogenpalast errichten.

In den ersten Jahrhunderten herrschte der Doge beinahe wie ein König. In der Stadt Venedig war er die höchste Autorität. Einzig der byzantinische Kaiser konnte ihm Befehle erteilen. Der Doge ernannte seine Ratgeber, seine Beamten und Offiziere. Gewählt wurde er von den reichen Adelsfamilien der Laguneninseln und den Volksvertretern. Nach seiner Wahl geleitete man den neuen Dogen feierlich in die Markuskirche. Dort wurde er von den hohen kirchlichen Würdenträgern empfangen. Der Doge bekam ein purpurfarbenes Gewand und den berühmten »corno«, die Dogenmütze, überreicht. Der »corno« sah einem Horn oder einer Zipfelmütze gleich, war aus Seide angefertigt und mit Gold und Edelsteinen verziert. Das Volk bestätigte schließlich die Wahl des Dogen, indem es auf den Zuruf

»Dies ist euer Doge, wenn er euch gefällt« in zustimmenden Jubel ausbrach.

Der Doge wurde auf Lebenszeit gewählt und blieb somit in der Regel bis zu seinem Tod im Amt - also wie ein König, aber eben doch nicht ganz: Mit der Zeit gewannen die Adeligen und kirchlichen Würdenträger immer mehr Einfluss auf die Politik Venedigs. Sie bestimmten mit über politische und militärische Entscheidungen, wie zum Beispiel über Steuerfestsetzungen, aufwändige Bauvorhaben oder Kriegserklärungen. Damit war die Venezianische Republik geboren.

Der Doge
Marco Barbarigo

Die Venezianische Republik

Aus Vertretern der reichen Adelsfamilien Venedigs bildete sich im 12. Jahrhundert der so genannte »Große Rat«. Von nun an lag es nicht mehr am Dogen allein, Gesetze zu erlassen und wichtige Entscheidungen zu treffen. Das war jetzt Aufgabe des »Großen Rates«, dessen Mitgliederzahl im Laufe der Jahrhunderte von zunächst 40 auf über 2000 Personen anstieg. Den Vorsitz im »Großen Rat« führte der Doge. Er bildete mit sechs Vertretern wichtiger Ämter und Behörden die »Signoria« - die oberste Regierung. Venedig war politisch gesehen eine so genannte »Republik« (s. Begriffserklärungen). Die »Signoria« entwarf Bestimmungen und Gesetze, über die dann der »Große Rat« mit Ja oder Nein abstimmen konnte. In den folgenden Jahrhunderten wurde das Regierungssystem in Venedig immer komplizierter. Es entstanden zahlreiche neue politische Einrichtungen, wie etwa der Senat, das »Collegio« oder Kabinett, der »Rat der Zehn« und so weiter. Im Dogenpalast begegnet ihr diesen Namen, denn jede Behörde der Republik Venedig besaß dort einen nach ihr benannten Saal.

Die zahlreichen politischen Einrichtungen und die hohe Mitgliederzahl des »Großen Rates« erwecken aber den falschen Eindruck von ausgewogenen Machtverhältnissen. Denn tatsächlich teilten nur etwa 150 Adelsfamilien die politische Macht in Venedig unter sich. Im Verlauf der Geschichte begegnet man immer wieder denselben Namen adliger Familien wie den Mocenigo, Dandolo, Partecipazio, Corner, Contarini und so weiter. Diese Adels- oder Patrizierfamilien haben über Jahrhunderte Reichtum und Macht angehäuft. Sie alle standen im »Goldenen Buch« Venedigs, in dem die Geburten und Heiraten aller venezianischen Adelsfamilien genauestens verzeichnet waren.

Der Dogenpalast – Sitz der Venezianischen Regierung und Wohnsitz des Dogen

Und der Doge? Während der »Große Rat« immer mehr die Politik Venedigs bestimmte, sah der Doge seine Macht dahinschwinden. Noch immer galt sein Amt auf Lebenszeit, aber ab dem 14. Jahrhundert wurde er auf Schritt und Tritt kontrolliert, und er hatte genau vorgeschriebene Regeln zu befolgen: Er durfte keine ausländischen Gäste mehr empfangen, keinerlei Geschenke außer Blumen und Duftkräuter annehmen, seine Post und seine Einkünfte wurden kontrolliert, ja selbst die Stadt durfte er ohne Erlaubnis des »Großen Rates« nicht mehr verlassen.

Der Doge – das Wort »Doge« ist wahrscheinlich die venezianische Dialektform des italienischen Wortes »duce« (Führer).

Der italienische Schriftsteller Francesco Petrarca beschrieb im 14. Jahrhundert die Situation des Dogen mit den Worten: »Dogen sind keine Herren, nicht einmal Fürsten, sondern die verherrlichten Sklaven der Republik.« Auch wenn der Doge bei jedem Umzug oder großen Fest in seinem prachtvollen Gewand und mit seiner Dogenmütze auftrat und die Adeligen ausschließlich vor ihm den Hut ziehen mussten, so lebte der Doge in Venedig doch »wie in einem goldenen Käfig«.

Marco Polo – Der größte Abenteurer Venedigs

Marco Polo wurde im Jahr 1254 als Sohn eines venezianischen Kaufmanns geboren. Sein Vater Nicolò Polo und sein Onkel Matteo Polo bereisten auf ihren Geschäftsreisen Europa, Russland und Teile Asiens. Währenddessen lernte der kleine Marco zu Hause lesen, schreiben und rechnen. Als Marco 17 Jahre alt war, durfte er die beiden Händler begleiten. Es wurde eine lange Reise: In vier Jahren zog die Kaufmannsfamilie über Anatolien durch Persien, Turkestan bis nach China. Im Jahr 1275 erreichten sie Peking, die Hauptstadt des Mongolenreichs. Der dortige Herrscher Kubilai Khan war Enkel und Nachfolger des berühmten Dschingis Khan. Nicolò und Matteo Polo hatten bereits früher den Mongolenherrscher besucht. Dieser zeigte sich jedoch vom mittlerweile 21-jährigen Marco besonders beeindruckt. Der Großkhan wollte den jungen Venezianer an seinem Hof behalten und ihn mit den höchsten Ämtern betrauen. Die Familie Polo fühlte sich von diesem Vorschlag sehr geehrt, und Marco willigte voller Neugier auf bevorstehende Abenteuer ein.

Zunächst wurde Marco Polo als Statthalter in einer chinesischen Provinz eingesetzt. Diese Aufgabe erledigte er so gut, dass der Großkhan ihn auf ausgedehnte Reisen in asiatische Länder und sogar bis nach Indien schickte. Marco kam in Gegenden, die noch nie ein Europäer betreten hatte. Dort traf er auf bisher in Europa unbekannte Volksstämme und lernte deren Sitten und Gebräuche kennen. Er machte sich vertraut mit der chinesischen Kunst der Porzellanherstellung und sah, wie in Asien Seide und Baumwolle verarbeitet wurden. In China lernte er, wie Handel und Geschäfte abgewickelt wurden. Hier bezahlte man mit »fliegendem« Geld, also Geldscheinen, nicht mit Münzen aus Edelmetall wie in Europa. Außerdem interessierte ihn brennend, wie die Chinesen Krieg führten und welche Waffen und Techniken sie dabei einsetzten.

Pflichtbewusst erstattete Marco Polo nach jeder Reise dem Großkhan über seine Erlebnisse und Erfahrungen Bericht. Kubilai Khan war hochzufrieden mit seinem venezianischen Angestellten. Als Marco nach fast 20 Jahren in Asien wieder nach Venedig zurückkehren wollte, war es für den Großkhan, als verlöre er einen Sohn. Zum Abschied beschenkte er die ganze Familie Polo mit wertvollen Waren und Kunstschätzen. Im Jahr 1295 erreichten Marco Polo, sein Vater und sein Onkel ihre Heimatstadt und erwarteten natürlich, freudig empfangen zu werden. Doch die Venezianer erkannten die Ankömmlinge nicht! Die Polos waren wie Chinesen gekleidet, und deshalb dachten die Einwohner Venedigs, Händler aus Asien vor sich zu haben. Erst als die drei wieder in venezianischer Kleidung steckten, wurde ihnen klar, wen sie da vor sich hatten.

Als Marco Polo Jahre später von den Erzfeinden Venedigs, den Genuesern, gefangen genommen wurde, steckte man ihn zusammen mit einem Soldaten aus Pisa in eine Zelle. Dieser Soldat schrieb die Abenteuer des Marco Polo nieder. Es entstand das Buch »Il milione«, das »Buch der Wunder«. Es ist nicht nur eines der schönsten Abenteuerbücher aller Zeiten geworden, sondern hat Europa viel neues Wissen beschert. Denn was Marco Polo an Wissenswertem und Nützlichem in Asien gesehen hatte, konnte nun auch in Europa eingeführt werden.

Der Markuslöwe – Wahrzeichen Venedigs und der Venezianischen Republik. Ihr findet ihn in allen von Venedig eroberten Städten.

Venezianische Seefahrer und ihre Schiffe

Des Öfteren führten die Geschäftsreisen der venezianischen Kaufleute in weit entfernte Regionen. Sie reisten in Länder und zu Völkern, die in Europa noch weitgehend unbekannt waren. Nicolò und Antonio Zeno, zum Beispiel, kamen 1390 bis nach Neufundland, Grönland und Island, und Nicolò de Conti segelte im 15. Jahrhundert durch den Persischen Golf über den Indischen Ozean bis nach Ceylon. Die Venezianer waren nicht nur ausgezeichnete Seefahrer, sondern konnten auch auf sicher und stabil gebaute Schiffe zurückgreifen. Die bauchigen, großräumigen Handelsschiffe sowie die länglichen, flachen Kriegsgaleeren wurden alle im Arsenale, der Schiffswerft von Venedig, hergestellt. Diese arbeitete fast wie ein moderner Betrieb: Die Schiffs- und Ausrüstungsteile waren in Form und Größe einheitlich, und so konnten 6.000 Arbeiter der Arsenale-Werft (das war zur Blütezeit Venedigs) an nur einem Tag ein komplettes Schiff von 40 Meter Länge und 5,5 Meter Breite bauen. Die Handelsschiffe wurden von den Kaufleuten für ihre Geschäftsreisen allerdings nicht gekauft. Sie wurden gemietet – genau wie die Besatzung. Um besseren Schutz vor Angriffen von feindlichen Kriegsschiffen oder vor Piraten zu haben, segelten die venezianischen Schiffe meist in der Gruppe.

Die venezianische Kriegsgaleere hatte Ruder und Segel. Mit dem spitzen Bug konnten feindliche Schiffe gerammt werden.

Feinde – Eroberungen zu Lande

Lange Zeit ging es Venedig nur darum, die Herrschaft über das Mittelmeer auszubauen. Einziger ernsthafter und langjähriger Rivale war die Stadt Genua, die im 14. Jahrhundert mit ihrer Kriegsflotte sogar in die Lagune eindrang und Venedig einkreiste. Doch die Venezianer konnten ihren Gegner

besiegen. Nach der Niederlage Genuas und fast 130 Jahren Krieg schlossen die beiden Städte Frieden. Genua sollte in Zukunft keinen Anspruch mehr auf die Seemacht erheben, Venedig war die alleinige »Königin der Adria«.
Stück für Stück haben die Venezianer Küstenregionen an der Adria in Besitz genommen. Ihren Machtbereich haben sie dann auf das östliche Mittelmeer ausgeweitet, vor allem auf die Inseln im ägäischen Meer. Doch die Inseln und die schmalen Küstenstreifen waren den Venezianern mit der Zeit zu wenig. Nachdem sie Konstantinopel erobert und große Teile des Byzantinischen Reiches übernommen hatten, fühlten sie sich stark und mächtig genug, ihre Herrschaft auf das italienische Festland auszudehnen. Denn Geldeinnahmen aus den neuen Besitzungen würden den Reichtum der Stadt weiter vermehren.

Da es Venedig an Landstreitkräften mangelte, heuerten sie Soldaten an, die für sie in den Krieg zogen. Die Söldner wurden angeführt von einem »Condottiere«, der mit der venezianischen Regierung einen Vertrag aushandelte. In diesem Vertrag wurde festgelegt, gegen wen und wie lange gekämpft werden sollte, mit wie vielen Rittern, Lanzenreitern und Bogenschützen, und wie hoch der Lohn war. Der berühmteste »Condottiere«, der für Venedig kämpfte, war Bartolomeo Colleoni.

In nur 75 Jahren eroberte Venedig viele Regionen und Städte in Oberitalien, von den Alpen im Norden bis nach Ravenna im Süden. Dazu gehörten Verona, Padua, Udine, Brescia, Bergamo, Ferrara, allesamt wohlhabende Städte. Sie standen nun unter der Vorherrschaft der venezianischen Regierung. Doch die anderen mächtigen italienischen Staaten und auch Frankreich und Spanien sahen diese Entwicklung mit Besorgnis. Sie verbündeten sich gegen Venedig. Die Venezianer begriffen schnell, dass es besser wäre, sich nicht mit einem derartig starken Gegner anzulegen, und stoppten ihre Eroberungszüge.

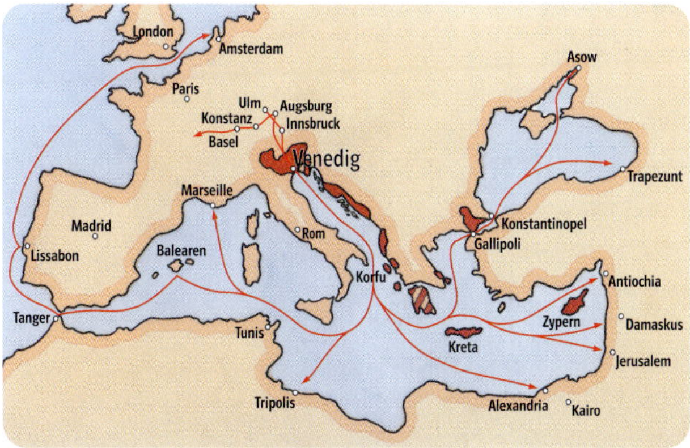

**Die großen Handelswege der Venezianer führten zum Schwarzen Meer und nach Russland, nach Syrien und Kleinasien, nach Griechenland, Ägypten, an die spanische Halbinsel, nach Nord- und Mitteleuropa.
Die rot gekennzeichneten Regionen waren Venedigs Besitzungen. Die Venezianer haben vor allem Küstengebiete und Inseln erobert, um die eigenen Handelsschiffe vor Überfällen besser zu schützen.**

Die Blütezeit Venedigs

Der Handel

Im 15. Jahrhundert ging es Venedig in wirtschaftlicher Hinsicht so gut wie nie zuvor. In der Lagunenstadt wurden mit großem Gewinn Salz und Zucker hergestellt. Stoffe, die die venezianischen Händler auf großen Messen in Europa kauften, wurden in Venedig gefärbt und weiterverkauft, Seide aus dem Orient in den Webereien zu kostbaren Gewändern verarbeitet. Die Schiffswerft wie auch die Glasbläsereien auf der Insel Murano arbeiteten auf Hochtouren. Mittlerweile standen venezianische Handelshäuser auf der Krim, in Armenien, Syrien und Ägypten. Dort erwarben die fleißigen Kaufleute neben Seide und Brokat auch Pelze, Keramik, Porzellan, Perlen, Edelsteine, Medikamente, Düfte und Gewürze. Besonders das Geschäft mit Gewürzen, mit Pfeffer, Zimt, Nelken, Ingwer und Muskat, erwies sich als äußerst lohnenswert.

Venedig schmückt sich mit »goldenen Häusern«

Schon im 12. Jahrhundert lebten zwischen 80.000 und 100.000 Menschen in Venedig. Doch die Stadt wuchs weiter und schloss immer mehr Inselgruppen in ihr Stadtgebiet mit ein. Schließlich wurde Venedig in sechs Stadtviertel (»sestieri«- das heißt auf Italienisch so viel wie Sechstel) aufgeteilt: San Marco, Castello und Cannaregio (östlich vom Canal Grande), sowie San Polo, Santa Croce und Dorsoduro (westlich vom Canal Grande). Die Wohngebiete bildeten sich meist um eine Kirche oder einen Platz, den »Campo«. »Campo« heißt auf Deutsch auch »Feld«, und tatsächlich waren die meisten Plätze in Venedig anfangs ungepflasterte Wiesen. Der Campo war der Platz, auf dem der Markt abgehalten wurde, wo man sich traf und große und kleine Feste veranstaltete. Hier gab es auch einen Trinkwasserbrunnen. Unmittelbar um den Campo herum standen die Werkstätten der Handwerker und die Wohnhäuser der Adeligen. Und in der Nähe durfte auch eine Kirche mit Turm nicht fehlen.

Bis ins 13. Jahrhundert waren die Häuser auf den venezianischen Inseln aus Holz. Aber die wohlhabenden Adelsfamilien wollten diese einfach gebauten Häuser gegen Paläste aus Stein eintauschen. Erstens war für Holzhäuser die Brandgefahr besonders groß - des Öfteren schon

Die Cà d'Oro

Ein typischer venezianischer Campo

hatten verheerende Brände ganze Stadtviertel zerstört. Zweitens sahen die Kaufleute und Händler auf ihren Reisen in den Orient prachtvolle Paläste, die sie auch in ihrer Heimatstadt gern gebaut hätten. Doch wie können schwere Steinbauten auf sumpfigem Grund oder gar im Meer entstehen? Dafür entwickelten die Venezianer eine neue Bautechnik.

Wie die Venezianer ihre Paläste bauten

Man rammte zunächst 2-10 Meter lange Baumstämme in den weichen, schlammigen Lagunenboden. Durch das salzhaltige Meerwasser erhärtet das Holz schnell zu Stein und kann daher auch nicht verfaulen. Bei großen Bauten stampften die Venezianer Tausende, ja sogar Hunderttausende dieser Baumstämme in den Boden. Um die Rialto-Brücke abzustützen, benötigte man 12.000 Pfähle, und für die Kirche Santa Maria della Salute sollen sogar mehr als eine Million! verwendet worden sein. Über diesen »Unterwasserwald« legten die Baumeister ein Floß: Holzblanken, die sie mit Sand, Teer und Öl zu einer festen Fläche verklebten. Darauf entstand dann, etwa in Höhe des Wasserspiegels, das eigentliche Fundament des Gebäudes, eine Schicht aus wasserdichten Stein- und Marmorblöcken. Die Hausmauern baute man mit Hilfe eines Holzgerippes, das mit Kalk, Kies, Ziegel gefüllt und verputzt oder mit farbigem Marmor verkleidet wurde.

Die Paläste, die sich die venezianischen Adeligen bauen ließen, sollten den Wohlstand ihrer Besitzer nach außen zeigen. Ihre Prachtbauten nannten sie in einer eher vorgetäuschten Bescheidenheit nur »Casa« oder auf Venezianisch »Cà«, also Haus. Einzig der Dogenpalast trug die offizielle Bezeichnung »Palazzo« für Palast. Aber in keiner Stadt Italiens entstanden derart reich geschmückte, prächtige Paläste wie in Venedig. Besonders die Hauswand, die zum Kanal gerichtet war, wurde mit farbigem, zum Teil goldbedecktem Marmor, oder mit Skulpturen und Säulen *(s. Begriffserklärungen)* aufwändig verziert.

Die Paläste der Adeligen waren nicht nur Wohnstätte, sondern auch Arbeitsplatz. Deshalb war das Erdgeschoss der Paläste auch mit großen Portalen zum Kanal hin geöffnet, sodass die Waren bequem von den Lastkähnen in die Lagerräume des Palastes im Erdgeschoss gebracht werden konnten.

Die prachtvollsten Paläste Venedigs entstanden am Canal Grande, dem größten und wichtigsten Kanal. Wie ein spiegelverkehrtes »S« schlängelt er sich durch die Lagunenstadt. Aber nicht nur hier, an der »schönsten Straße der Welt«, errichteten die reichen Patrizierfamilien Wohn- und Handelshäuser. In der ganzen Stadt wurden Bauten geschaffen, die es in dieser Form nirgendwo sonst in Europa gab. Zunächst baute man im so genannten veneto-byzantinischen Stil, der die in Europa übliche Bauweise mit Elementen aus dem Orient vermischte. Im Untergeschoss befinden sich luftig wirkende Bogengänge mit Säulen; darüber, im ersten Stock, ein langer, mit zierlichen Säulen geschmückter Balkon. Im 14. und 15. Jahrhundert wurde diese Architektur weiterentwickelt zum gotisch-venezianischen Stil *(unter »Gotik« s. Begriffserklärungen)*. Die Außenmauern wurden nun mit vielen oben spitz zulaufenden Bögen versehen. Im folgenden Zeitalter der Renaissance *(s. Begriffserklärungen)* orientierten sich die Venezianer an den Bauten des antiken Griechenland und Rom. Die Palastfassaden wirkten nun ausgewogener. Mächtige Säulen und Rundbogen-Fenster schmückten sie. Später, im 17. Jahrhundert, haben die Venezianer ihre Paläste mit noch mehr Säulen, Figuren und Masken verziert und sind damit der Architektur des Barock *(s. Begriffserklärungen)* gefolgt.

Zur Verkleidung der Mauern benutzte man Marmorplatten unterschiedlichster Farben, besonders beliebt war ein kräftiges Rot. Die reichsten Adelsfamilien ließen ihre Häuserfassaden in Blau bemalen oder

Karge kroatische Adriainseln. Die Venezianer haben für den Bau ihrer Stadt und Schiffe die Wälder vieler Inseln abgeholzt.

Die Venezianer haben einen eigenen gotischen Stil entwickelt, indem sie Bauformen aus dem Orient übernahmen. Der Spitzbogen des Palasttores unten ist ein Beispiel dafür.

sogar mit Gold überziehen, wie etwa die »Cà d'Oro«. *(Dieser Palast wird im Kapitel »Der Canal Grande - Eine Fahrt durch die schönste Straße der Welt« näher beschrieben.)* Die bunten Außenfassaden der Paläste machten aus Venedig eine der farbenfrohsten Städte Italiens.

Aber die Paläste wurden auch in der Innenausstattung mit der Zeit immer prachtvoller und spiegelten den Wohlstand ihrer Besitzer: Die Böden waren aus Marmor oder gefärbtem Ziegel, und die Wände mit goldverziertem Leder, teuren Stoffen oder Seide verkleidet. So mancher Besitzer ließ seinen Palast von berühmten Künstlern mit Fresken *(unter »Fresko« s. Begriffserklärungen)* ausmalen und mit aufwändigen Stuckarbeiten versehen.

Die Stadt der Künste

Ende des 15. Jahrhunderts wurde der Bedarf an guten Malern und Bildhauern in Venedig immer größer. Es galt nicht nur, die Paläste der Adelsfamilien auszuschmücken, sondern auch die Gebäude der venezianischen Regierung und die immer zahlreicher werdenden Kirchen und Klöster. Die Markuskirche war bereits durch die

Ansicht des Dogenpalastes

Arbeit orientalischer und venezianischer Künstler überreich mit Mosaiken und wertvollen Kunstgegenständen ausgestattet. Aber auch der Dogenpalast gleich daneben sollte mit seinen Statuen und Gemälden Zeugnis von der Größe und Macht der Venezianischen Republik ablegen. Die Geldspenden wohlhabender Patrizierfamilien verhalfen Mönchen und Kirchenfürsten zum Bau immer größerer Kirchen. Darin sollten Denkmäler und Bilder von Heiligen oder der großzügigen Spender zu sehen sein. Viele Bürger und Handwerker der Stadt waren mittlerweile so reich geworden, dass auch sie sich großzügige Häuser leisten konnten. Sie wollten es den Adeligen gleichtun und ihre Wohnungen und Versammlungsstätten mit Kunstwerken bekannter Maler ausschmücken.

Das bedeutete Arbeit genug für die venezianischen Künstler, vor allem für die großen Maler der Stadt: Giovanni Bellini, Giorgione, Tiziano Vercellio (genannt Tizian), Paolo Veronese, Vittore Carpaccio, Jacopo Robusti, genannt Tintoretto, und später, im 18. Jahrhundert, den Barock-Maler Giovanni Battista Tiepolo. Diese Künstler haben den Großteil der Bildwerke in den Palästen, Kirchen und Regierungshäusern Venedigs geschaffen. Was die venezianischen Gemälde besonders kennzeichnet, ist der starke Einsatz von Licht und Farbe. Die Bilder der venezianischen Maler spiegeln das Bunte und den lebensfrohen Geist ihrer Heimatstadt wider. In Venedig war alles farbig: die Häuser und Paläste, die Kostüme und Kleider seiner Einwohner (selbst die Priester trugen ein farbenfrohes Gewand), und selbstverständlich auch die vielen Feste und Veranstaltungen in der Stadt. Die Künstler brauchten nur ihre Augen zu öffnen und das bunte Leben bildlich festzuhalten.

Aus vielen anderen Städten und Ländern zog es Maler, Bildhauer und Baumeister nach Venedig: Unter ihnen waren Albrecht Dürer aus Deutschland, Michelangelo aus Rom sowie die Architekten Palladio aus Padua, Jacopo Sansovino aus Florenz und Mauro Codussi aus Bergamo. Einerseits wollten sie die Kunst Venedigs kennen lernen, und andererseits lockte sie das Geld der reichen Adelsfamilien und Kirchenväter. Die bekanntesten Baumeister Venedigs sind Mauro Codussi (1440–1504) und Jacopo Sansovino (1486–1570). Diese beiden gestalteten eine Vielzahl der schönsten Bauwerke der Stadt, die auch heute noch zu bewundern sind. Sie hatten zahlreiche Gelegenheiten, ihr Können zu zeigen. Der Reichtum der Venezianer erlaubte es, neue Paläste zu errichten oder vorhan-

Dieses Gemälde ist die älteste Darstellung des Markusplatzes. Es stammt aus dem Jahr 1496 und wurde von Gentile Bellini gemalt. Der Uhrturm auf der linken Seite vor San Marco fehlt noch. Er wurde zwischen 1496 und 1499 errichtet.

dene neu zu gestalten. Handelshäuser, Kirchen und Paläste, ja ganze Stadtviertel waren durch verheerende Brände vernichtet worden. Sie mussten wieder aufgebaut werden, wie etwa die gesamte Gegend um die Rialto-Brücke, die im Jahr 1514 in Schutt und Asche versunken war. Mauro Codussi erneuerte einige der schönsten Paläste am Canal Grande, gestaltete den Uhrturm am Markusplatz und baute mit der Kirche Santa Maria Formosa eine der größten Kirchen Venedigs. Jacopo Sansovinos Meisterwerk ist der Markusplatz mit den umliegenden Bauten, die der Stadtverwaltung dienten.

Die Vielvölkerstadt Venedig

Venedig war Ende des 15. Jahrhunderts nach Paris und Neapel zur drittgrößten Stadt Europas angewachsen. Von 130.000 Einwohnern im 14. Jahrhundert stieg die Zahl auf 150.000 Menschen. Zum Vergleich: London hatte zu dieser Zeit etwa 100.000 Einwohner; Köln, die damals größte deutsche Stadt, um die 70.000. Der Reichtum Venedigs lockte Menschen aus aller Herren Länder an: Aus Istrien und Dalmatien, aus Armenien, der Türkei, Griechenland und auch aus Deutschland zogen neben Künstlern viele Händler und Handwerker in die Lagunenstadt. Die venezianische Regierung zeigte sich den Ausländern gegenüber äußerst freizügig und tolerant. Kein Wunder, denn durch ihre zahlreichen Geschäftsreisen hatten die Venezianer Kontakt mit vielen Ländern und kannten deren Kulturen und Sprachen. Den ausländischen Kaufleuten wurden Handelshäuser, die so genannten »fondaci«, zur Verfügung gestellt, wo

Der Fondaco dei Turchi – das Handelshaus der Türken in Venedig

sie ihre Geschäfte betreiben konnten. Allerdings mussten die fremden Ankömmlinge, bevor sie die Stadt betraten, ihre Waffen und auch ihr Geld bei den Venezianern abliefern. Die Deutschen hatten bereits im 13. Jahrhundert ein Handelshaus in Venedig, ihnen folgten die Türken, Araber und Perser.

Den ausländischen Zuwanderern gegenüber verhielt sich die venezianische Regierung sehr zuvorkommend. Sie gestattete es ihnen, Versammlungshäuser und religiöse Bauten zu errichten. Hier konnten sie ihre eigene Kultur pflegen, sich in ihrer Muttersprache unterhalten und ihren religiösen Gepflogenheiten nachgehen. Armenier und Griechen besaßen bald ihre eigenen Gotteshäuser, später auch Albaner und Briten.

Venedig verliert an Macht und Bedeutung

Im 16. Jahrhundert war Venedig nach Rom und Genua nur noch die drittreichste Stadt Italiens. Was war passiert? Zum einen gingen die Geschäfte im östlichen Mittelmeer immer schlechter. Nach der Eroberung Konstantinopels im Jahr 1453 durch türkische Truppen fielen mehrere griechische Inseln, Ägypten und schließlich Zypern in die Hände des osmanischen Herrschers Sultan Mohammed II. Die Türken, die früheren Handelspartner und Freunde Venedigs, wurden nun immer mehr zu militärischen Feinden. Damit war der Orient als Handelsmarkt für die venezianischen Kaufleute beinahe verloren.

Schwerwiegender war jedoch, dass Kolumbus mittlerweile Amerika entdeckt und der portugiesische Seefahrer Vasco da Gama einen Seeweg über den Atlantik nach Indien gefunden hatte. Der Atlantik war zur wichtigsten Handelsroute geworden. Venedig verlor nun zusehends die führende Position im Handel an Länder wie Spanien und Portugal, dessen Hauptstadt Lissabon sich zur bedeutendsten Stadt Europas für den Gewürzhandel entwickelte.

Andererseits war das Leben in Venedig selbst schwierig geworden: Die Zuwanderung italienischer und ausländischer Arbeiter, Handwerker und Künstler hielt ungebrochen an und ließ die Einwohnerzahl Anfang des 17. Jahrhunderts auf 190.000 steigen. Die Stadt auf den Inseln im Meer bot nicht genügend Platz, um die vielen Menschen mit vernünftigen Wohnungen auszustatten. Vor allem die Trinkwasserversorgung war schwierig. Das Regenwasser wurde in unterirdischen Becken, so genannten Brunnenzisternen, aufgefangen. Doch die mehr als 6.000 Zisternen in der Stadt reichten nicht mehr aus. Zudem verschmutzte dieses Zisternen-Wasser sehr leicht und löste eine Vielzahl von Krankheiten und Seuchen aus.

Von den schlechten hygienischen Verhältnissen in Venedig waren besonders die Armen betroffen. Es gab eine riesige Anzahl von Gebrechlichen, Alten, Waisenkindern, Witwen, aber auch ehemaligen Sträflingen und Soldaten, die sich in der Lagunenstadt aufhielten. Die Regierung, die Kirche und wohlhabende Bürger versuchten zu helfen, wo sie konnten. Sie errichteten Spitäler, Hospize und Waisenhäuser, in denen Kranke gepflegt wurden und Obdachlose, Waisenkinder und Arme ein Heim finden konnten. Aber mit der Zeit wurden es einfach zu viele, die versorgt werden mussten. Das Leben in der Stadt wurde immer unangenehmer: Die engen Gassen waren überfüllt, zu viel Lärm und Gestank musste man erleiden und zu vielen Krankheiten war man ausgesetzt. In nur 100 Jahren erlebte Venedig zwei verheerende Pestepidemien. Bei der letzten im Jahr 1630 starb beinahe ein Viertel der Bevölkerung.

Zisternen waren die Brunnen Venedigs. In unterirdischen Becken wurde Regenwasser gesammelt.

Ein altes Mietshaus mitten in der Stadt

Venezianer auf Urlaub

Die wohlhabenden Adelsfamilien flüchteten aus der von Armut und Krankheit gezeichneten Stadt. Sie bauten sich neue Paläste auf den Laguneninseln, vor allem auf Murano, und prächtige Villen auf dem Festland. Auch entlang des Brenta-Kanals entstanden wunderschöne, von großen Parkanlagen umgebene Landsitze. In diesen »Ferienhäusern« fanden die reichen Venezianer alles, woran es in Venedig mangelte: eine natürliche Umgebung mit frischer Luft und reinem Wasser. Dort konnten sie sich erholen und sich mit ausgelassenen und prunkvollen Festen die Zeit vertreiben.

Eine venezianische Villa am Brenta-Kanal: »Ferienhaus« einer venezianischen Adelsfamilie

Der Weg zur Provinzstadt

Der Unterschied zwischen reichen und armen Venezianern wurde immer größer. Während sich der Großteil der Bevölkerung als Matrosen, Arbeiter oder Handwerker den Lebensunterhalt verdiente, konnte ein venezianischer Adeliger in einem riesigen Palast einem angenehmen Leben entgegensehen. Er besaß eine Schwadron Bediensteter, die ihm jeden Wunsch erfüllten, und etliche Gondeln warteten nur darauf, ihn durch die Kanäle Venedigs zu fahren. Anfang des 18. Jahrhunderts gab es etwa 200 venezianische Patrizierfamilien, die sich ein solches Leben in Luxus leisten konnten. Obwohl die Bedeutung des Handels für Venedig ab dem 16. Jahrhundert zurückging, waren viele venezianische Kaufleute noch immer sehr erfolgreich. Mit Luxusartikeln ließen sich gute Geschäfte machen. Es entstanden neue Werkstätten und Fabriken für Glas, Keramik, Schmucksachen und wertvolle Seidenstoffe. Die Wirtschaft erlebte damit einen großen Aufschwung, aber auf politischem Gebiet war Venedig keine Großmacht mehr.

Venedig hatte viele seiner Besitzungen im Mittelmeer an das Osmanische Reich, die Türken, verloren. Auch zahlreiche Städte rund um die Lagunenstadt mussten in der Folgezeit an das österreichische Kaiserhaus der Habsburger abgetreten werden. Immerhin blieb den Venezianern noch ihre wunderschöne Stadt, die ab dem 18. Jahrhundert zum beliebten Ziel adeliger Reisender und, später, wohlhabender Touristen wurde. Auch der deutsche Schriftsteller Johann Wolfgang von Goethe hat 1786 auf seiner Reise durch Italien Venedig einen lang ersehnten Besuch abgestattet.

Napoleon – Der neue Herr Venedigs

Noch immer war die Lagunenstadt unabhängig und frei. Das sollte sich jedoch ändern. Ein 28-jähriger Franzose, unerbittlicher Feind aller Adelsregierungen, näherte sich Venedig. Auf den Lippen trug er den Spruch »Freiheit für das Volk«: Napoleon Bonaparte. Frankreich erklärte 1796 Österreich den Krieg und schickte seine Truppen durch Norditalien, das größtenteils von österreichischen Truppen besetzt war. Ohne großen Widerstand kämpfte sich Napoleon mit seinen Soldaten vor bis nach Venedig. Dort verlangte er, dass der Doge von seinem Amt zurücktreten und eine demokratische Verfassung eingeführt werde. Am 12. Mai 1797 war es dann so weit: Der letzte Doge Venedigs, Ludovico Manin, musste auf dem Markusplatz seine Dogenmütze und das berühmte »Goldene Buch« mit den Namen aller venezianischen Adelsfamilien verbrennen.

Nach fast 1000 Jahren Unabhängigkeit stand Venedig nun unter dem Kommando der Franzosen. Für die Lagunenstadt begannen schlimme Zeiten. Die französischen Soldaten zogen in die Stadt ein und plünderten, wo sie nur konnten. Zahlreiche Kunstwerke wurden von ihren ursprünglichen Standorten in Palästen, Kirchen und Klöstern entfernt und nach Paris verfrachtet (unter anderem die vier Bronzepferde der Markuskirche). Gebäude wurden niedergerissen und Kanäle zugeschüttet. Am schlimmsten traf es Kirchen und Klöster: Sie wurden zerstört, geschlossen oder zu anderen Zwecken, etwa als Pferdeställe, missbraucht. Die Herrschaft über Venedig wechselte in den Folgejahren zwischen Frankreich und Österreich. Über ein Drittel der etwa 130.000 Einwohner lebte in ärmlichen Verhältnissen. Doch immer mehr Menschen zog es aus Venedig fort. Selbst der Bau der Eisenbahnbrücke Mitte des 19. Jahrhunderts, die die Lagunenstadt mit dem Festland verband, konnte sie davon nicht abhalten - Venedig bot kaum Arbeit, keine vernünftigen Wohnungen und keine ausreichende Versorgung. Im Jahr 1859 besiegte die italienische Befreiungsarmee die österreichischen Truppen, die daraufhin ganz Norditalien, das von ihnen besetzt war, einschließlich Venedig, räumen mussten. Die Lagunenstadt gehörte nun zum Königreich Italien und wurde zur Provinzhauptstadt erklärt.

Venedigs Kampf gegen das Hochwasser

Um nicht noch mehr Einwohner zu verlieren, brauchte Venedig Arbeitsplätze. In der Stadt selbst war dies nicht möglich, doch am Stadtrand und in den Außenbezirken gab es genügend Platz für neue Fabriken. Besonders in den Vororten Mestre und Porto Marghera entstanden im 20. Jahrhundert riesige Industrieanlagen, in denen Eisen und Erdöl verarbeitet werden. Der Bau eines Hafens für große Container- und Kreuzfahrtschiffe sollte zusätzlichen wirtschaftlichen Aufschwung bringen. Dabei sah man nicht voraus, dass mit diesem

Gummistiefel braucht man in Venedig öfters.

Hafen eine Bedrohung weiter verschärft wurde, die die Venezianer schon seit fast einem Jahrtausend vergeblich bekämpfen: Das Hochwasser.

Aufzeichnungen über »acqua alta« in Venedig, wie die Venezianer das Hochwasser in ihrer Stadt nennen, gibt es bereits seit 1095. In den Monaten von Oktober bis April kann es des Öfteren passieren, dass das Meerwasser weit in die Stadt eindringt und dabei Gassen und Plätze überschwemmt. Heutzutage werden dann schnell Laufstege aus Holzplanken aufgebaut, damit Einwohner und Touristen zumindest noch die wichtigsten Verbindungswege begehen können. Wie entsteht eigentlich Hochwasser in Venedig? Das hat mehrere Gründe, natürliche und vom Menschen verursachte. Zum einen erhöht sich während der Flut der Wasserstand des Meeres auf natürliche Weise. Problematisch ist es, wenn in dieser Zeit starke Winde auftreten, wie zum Beispiel der Scirocco aus Südosten und dazu heftiger Regen fällt. Der Wind drückt weiteres Meerwasser in die Lagune. Zusätzlich bringen dann die Flüsse, die in die Lagune münden, große Mengen Wasser. Der Wasserspiegel steigt, und es dauert nicht lange, bis es Hochwasser in der Stadt gibt. Zunächst werden die tiefer gelegenen Häuser und Paläste, Gassen und Plätze, davon zuerst der Markusplatz, überschwemmt. In Venedig kann jeder den Wasserstand selbst an Messlatten ablesen, die an vielen Stellen in der Stadt angebracht sind, unter anderem an der Gondel-Anlegestelle in der Nähe des Markusplatzes.

Da im Laufe der Jahrhunderte der Lagunengrund und damit die Pfähle, auf denen die schweren Häuser stehen, ständig absanken, sind immer mehr Gebäude vom Hochwasser bedroht. Hinzu kommt der Bau des

großen Hafens. Wirft man einen Blick auf die Karte, so erkennt man, dass lang gestreckte Inseln die Stadt wie Riegel vom offenen Meer trennen und Venedig dadurch geschützt ist. Damit die riesigen Schiffe den neuen Hafen Venedigs erreichen, musste die Hauptzufahrt in die Lagune vertieft und ausgebaggert werden. Das bewirkte jedoch, dass nun auch mehr Wasser in die Lagune fließt.

Wie im Jahr 1966, als Venedig sein Rekordhochwasser erlebte. Fast 2 Meter hoch stand das Wasser in der Stadt. Plätze und Gassen waren plötzlich wie vom Erdboden verschwunden. Die Tanks mit Heizöl in den Häusern platzten und das schmutzige Wasser ergoss sich in Wohnungen, Geschäfte, Kirchen und Paläste. In den letzten Jahren gab es leider immer öfter Hochwasser-Alarm in der Lagunenstadt. Die Venezianer überlegen, was sie dagegen tun können. Die beste Lösung scheint, den von ihnen verursachten Fehler wieder gutzumachen. An den drei Öffnungen zwischen den lang gestreckten Inseln vor Venedig sollen gigantische Schleusen das Eindringen des Meerwassers bei Flut verhindern. Das ist ein sehr kostspieliges Unternehmen, das sich die Verantwortlichen Venedigs vorgenommen haben.

Trotz dieser viel versprechenden Aussichten, und obwohl die Stadt sehr stark vom Tourismus profitiert, verlassen jedes Jahr etliche Einwohner Venedig und ziehen aufs Festland. Gründe sind die hohen Wohnpreise, während die preiswerten Wohnungen oft nicht mit Bad und Heizung ausgestattet sind. Heute wohnen noch an die 65.000 Venezianer in der Lagunenstadt. Davon lebt etwa die Hälfte vom Tourismus. Kein Wunder, denn mit 12 Millionen Touristen im Jahr ist Venedig eines der beliebtesten Reiseziele der Welt. Halt - jetzt sind es noch mehr, denn ihr seid ja auch dabei!

Auf der Karte gut zu erkennen: die drei Öffnungen, durch die das Wasser vom offenen Meer in die Lagune dringt.

Große Künstler in Venedig

Giovanni Bellini wurde von den Venezianern liebevoll »Giambellino« (das heißt eigentlich »der hübsche Giovanni«) genannt. Er wurde um 1430 in Venedig geboren und wuchs in einer Künstlerfamilie auf. Giovanni, wie sein Bruder Gentile, lernte das Handwerk in der Werkstatt seines Vaters Jacopo, wo viele Künstler angestellt waren. Er entwickelte sich zu einem wahren Meister der venezianischen Renaissance-Malerei. Beeindruckend ist vor allem, wie echt seine Darstellungen wirken. Dieser Künstler hatte die Fähigkeit, die Natur sehr genau zu beobachten. Besonders berühmt wurde Giovanni Bellini für seine Madonnen-Bilder: Maria, die Mutter Gottes, vermochte kein anderer Maler so schön und voller Güte darzustellen wie Giovanni. Das Bemerkenswerte dabei ist, dass kein Bild dem anderen gleicht: Jede Madonna hat ein anderes Aussehen, andere Kleider oder eine andere Haltung. Giovanni starb im hohen Alter von 86 Jahren in Venedig.

Tizian hieß eigentlich mit bürgerlichem Namen Tiziano Vecellio. Er wurde 1488 in Pieve di Cadore, einem kleinen Ort in den Dolomiten, geboren. Als junger Mann kam er nach Venedig und wurde Schüler von Giovanni Bellini. Wie sein Lehrmeister verstand er es, die Natur und die Menschen, die er malte, genau zu beobachten. Seine Porträts von Adeligen, Kaufleuten, Kirchenfürsten und Kaisern sind zu Meisterwerken der Malerei geworden. Die Venezianer bezeichneten ihn als »Il Divino«, den Göttlichen, und ernannten Tizian zum Staatsmaler von San Marco. Tizian wurde durch sein Handwerk ein wohlhabender Mann. Auch Kaiser Karl V. war ein Bewunderer der Kunst Tizians und ließ sich von ihm porträtieren. Als der Kaiser einst dem Maler Modell stand, fiel der Pinsel Tizians zu Boden. Der Kaiser bückte sich, hob ihn auf und überreichte den Pinsel dem Künstler. Seitdem erzählen die Venezianer, dass sich selbst ein Kaiser vor dem berühmtesten Künstler ihrer Stadt verneigt hat. Tizian starb im Alter von 88 Jahren, wahrscheinlich an der Pest.

Ausschnitt aus: »Das Paradies« von Tintoretto (siehe Seite 64)

Tintoretto hieß ursprünglich Jacopo Robusti und wurde im Jahr 1518 in Venedig geboren. Den Namen »Tintoretto«, also »kleines Färberlein«, bekam er deshalb, weil sein Vater den Beruf des Färbers ausübte. Tintoretto war der große Rivale von Tizian, auf dessen Erfolge Tintoretto angeblich immer ein wenig eifersüchtig geblickt habe. Das gelte jedoch, so wird ebenfalls erzählt, auch anders herum. Insgeheim hatten die beiden Maler großen Respekt voreinander. Tintoretto war ein bescheidener Mann, reiste selten und hielt sich hauptsächlich bei seiner Familie auf. Er führte ein sehr frommes Leben und malte zahlreiche religiöse Themen mit Abbildungen von Heiligen. Seine wichtigsten Auftraggeber waren religiöse Vereinigungen und Kirchen. Virtuos ging Tintoretto mit Farbe und Licht in seinen Gemälden um, die dem Betrachter stets das Gefühl von Räumlichkeit vermitteln. Tintoretto war bis kurz vor seinem Tod im Jahr 1594 noch als Maler tätig.

Giovanni Battista Tiepolo wurde 1696 in Venedig geboren. Er und später auch sein Sohn Giovanni Domenico Tiepolo gehören zu den größten Malern des Barock. Die Familie Tiepolo lebte bescheiden. Der Vater von Giovanni Battista war ein kleiner Schiffseigner. Giovanni Battista erlernte die Malerei bei seinem Onkel. Schon mit 18 Jahren machte er sich selbständig, und mit 21 Jahren war er ein Meister seines Handwerks. Seine Gemälde waren bei den reichen Venezianern äußerst begehrt. Die beschwingte Malweise und die leuchtenden, intensiven Farben gefielen sowohl den Adeligen als auch den Kirchenfürsten. Giovanni Battista malte Themen aus der antiken Mythologie, Ereignisse aus der Geschichte oder Bilder mit christlichem Inhalt. In seinen Werken hat er oft den Zauber des Orients geschildert. Seine Bilder versprühen Heiterkeit und stimmen ihre Betrachter wohlgelaunt. Gemeinsam mit seinem Sohn Giovanni Domenico, der Maler wurde wie er, bereiste er zahlreiche Fürstenhöfe in Europa. Er starb 1770 im Alter von 74 Jahren.

»Neptun bietet Venedig die Schätze des Meeres« – so lautet der Titel des Bildes, gemalt von Giovanni Battista Tiepolo.

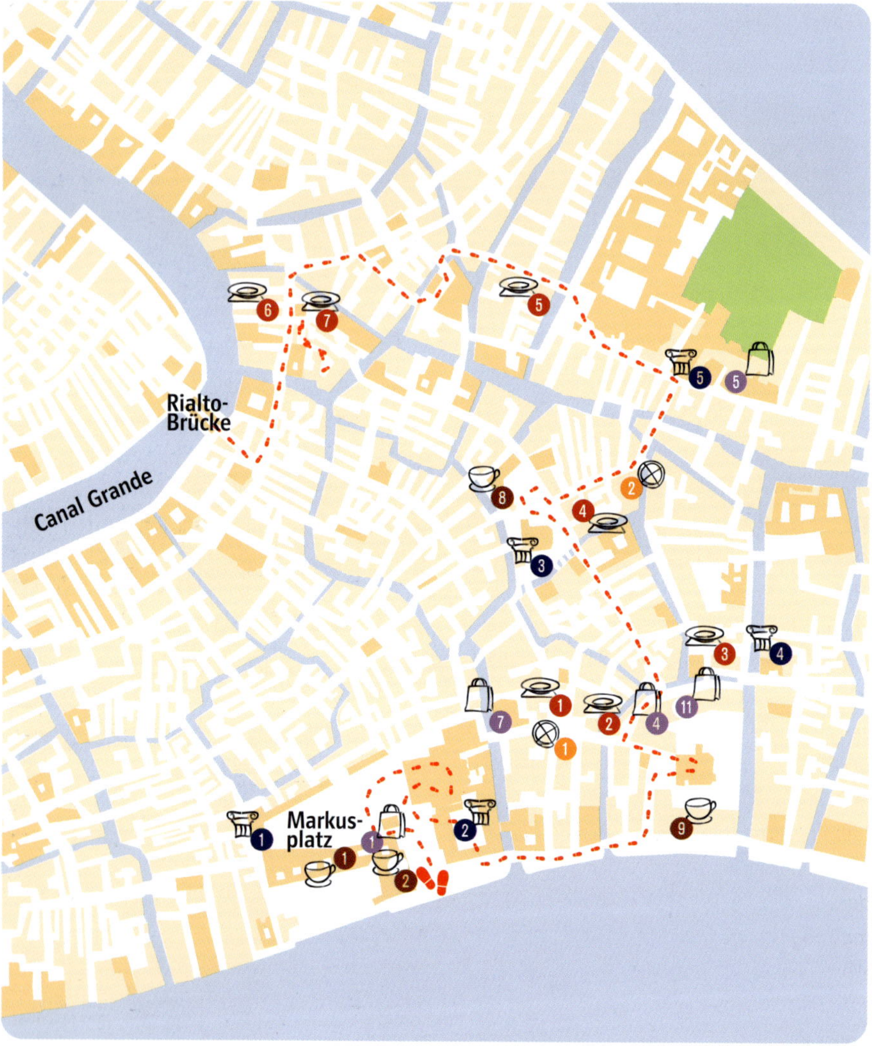

Auf den Stadtteilkarten sind nebenstehende Symbole eingezeichnet: Sie verschaffen euch einen schnellen Überblick darüber, was es auf den Rundgängen zusätzlich an Nützlichem und Interessantem gibt. Wer die genauen Adressen von Restaurants, Pizzerien und Eisdielen wissen möchte, muss im Kapitel »Freizeit« unter der angegebenen Nummer nachsehen.

- Bars und Leckereien
- Restaurant
- Einkaufen
- Pizza
- Museum

Die schönsten Plätze Venedigs – Der Markusplatz und seine kleinen Brüder

Vaporetto-Verbindungen: In Venedig fahren fast alle Vaporetto-Linien zum Markusplatz (Piazza San Marco). Von der Piazzale Roma oder vom Bahnhof bringen euch die Linien »1« und »82« durch den Canal Grande zur »Piazza San Marco«. Schneller sind die Vaporetti (so heißt die Mehrzahl von »Vaporetto«) der Linie »82« (Fahrzeit: 25 – 30 Minuten, Richtung »San Zaccaria«). Die ganze Nacht hindurch verkehrt die Nacht-Linie »N« auf dieser Strecke.

Der Markusplatz 1

*Die Geschwister standen in der Glockenstube des **Campanile von San Marco**. Der Turm ist mit 98 Metern das höchste Bauwerk Venedigs. Sie genossen den Ausblick auf das Dächergewirr der Lagunenstadt, auf seine unzähligen Kanäle und Gassen, Paläste und Kirchen und das Meer. Direkt unter Pollino und Pollina breitete sich der berühmteste Platz Venedigs aus: der Markusplatz. »Der schönste Salon der Welt, dem einzig der Himmel als Decke würdig ist.« »Was murmelst du da, Pollina?« »Das sind die Worte Napoleons, als er den Markusplatz sah«, antwortete Pollina. »Aber war es nicht Napoleon, der mit seinen Soldaten überall in der Stadt plünderte und zahlreiche Gebäude zerstörte?«, fragte Pollino nach.*

Vom Meer aus sofort zu erkennen. Der Glockenturm von San Marco. Hier beginnt eure Tour.

»Ja, auch vor dem Markusplatz hielt er sich nicht zurück.« Pollina deutete auf einen Bau auf der gegenüberliegenden Seite des Platzes. »Dort hinten ließ er eine alte Kirche abreißen und an ihrer Stelle ein riesiges

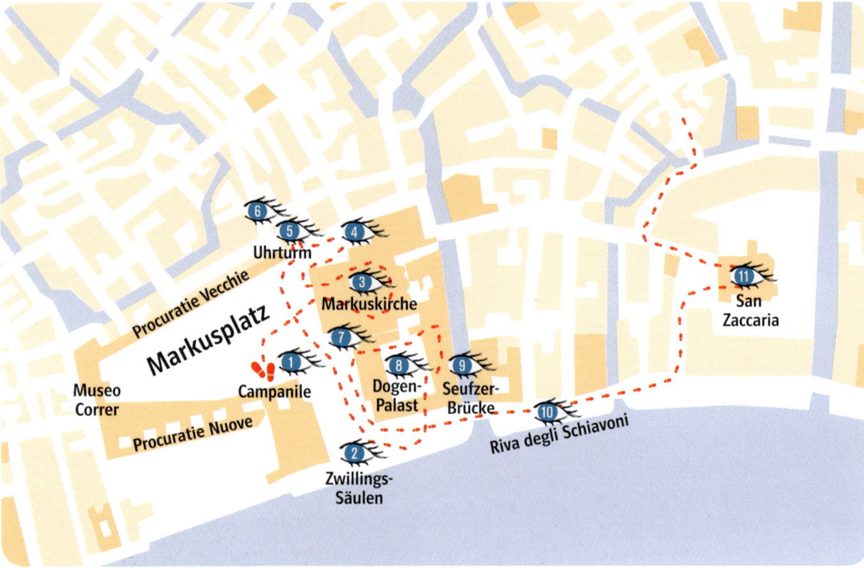

Treppenhaus mit einem Tanzsaal darüber errichten. Der ›Napoleonische Flügel‹ sollte der offizielle Eingang zu den Regierungsräumen in den Prokuratien links und rechts davon werden.« »He, langsam, langsam«, rief Pollino, »›Napoleonischer Flügel‹, ‹Prokuratien‹: kannst du dich nicht verständlicher ausdrücken?« »Du hast Recht. Vielleicht sollten wir mal einen Blick auf diesen Plan werfen und uns die Paläste rund um den Markusplatz der Reihe nach ansehen«, erwiderte Pollina.

Auf Italienisch heißt der Markusplatz »Piazza San Marco«, Platz des heiligen Markus. Nur er wird von den Venezianern als »Piazza«, also »Platz«, bezeichnet, denn alle anderen Stadtplätze heißen »Campo«, was so viel wie »Feld« oder »Wiese« bedeutet. In den Anfängen der Stadt war auch

Die Zwillingssäulen am Markusplatz

der Markusplatz nichts anderes als eine Wiese oder ein Feld. Die Nonnen des Klosters San Zaccaria, das nicht weit entfernt vom Markusplatz steht, pflanzten hier Obst und Gemüse an. Dann errichtete man an diesem Platz zwei Kirchen: San Geminiano, jene, die Napoleon abreißen ließ, und eine Kirche, die dem ersten Schutzheiligen der Stadt, dem heiligen Theodorus, geweiht war. An der Stelle der Kirche des heiligen Theodorus wurde dann die Markuskirche gebaut.

Im Jahr 811 ließ der Doge den ersten Dogenpalast errichten, zu Beginn noch eine einfache Burg aus Holz. In den folgenden Jahrhunderten pflasterten die Venezianer ihren berühmtesten Platz und errichteten um ihn herum weitere große und kunstvolle Gebäude. Zuerst bauten sie die Procuratie Vecchie (die alten Büros), dann gegenüber die Procuratie Nuove (die neuen Büros) - Unterkünfte und Büros für die Prokuratoren, die hohen adeligen Staatsbeamten; schließlich den Uhrturm und die Libreria Marciana, die Markusbibliothek. Nicht zu vergessen den Glockenturm der Markuskirche, der auf Italienisch »Campanile di San Marco« heißt. Dieser Glockenturm fiel übrigens im Juli 1902, als ein Gewittersturm tobte, mit lautem Getöse in sich zusammen. Doch die Venezianer haben ihn innerhalb von neun Jahren wieder aufgebaut, und zwar genau so, wie er vorher aussah.

Pollina war gerade dabei, den Plan wieder zusammenzufalten. »Halt, warte, hier wurde doch glatt etwas vergessen! Siehst du die ***zwei Säulen*** *dort, in der Nähe der Gondeln? Die sind hier gar nicht eingezeichnet!«, beeilte sich Pollino zu sagen. Pollina guckte nach, und tatsächlich, die Säulen fehlten. »Keine Panik! Ich kann dir genau erklären, welche Figuren obendrauf stehen«, prahlte Pollino. »Auf der ersten ist der heilige Theodor dargestellt, wie er mit seinem Schild und einer Lanze einen Drachen bewacht.*

Er war ja der erste Schutzheilige Venedigs. Theodor stammte aus Griechenland und war Vorsteher eines Klosters in Konstantinopel, bis er vom byzantinischen Kaiser nach Venedig verbannt wurde. Später wurde er nicht nur der Ritterheilige der Griechen, sondern auch der Schutzheilige des byzantinischen Heeres. Deshalb wohl seine kriegerische Haltung. Auf der anderen

Der Markusplatz mit der Markuskirche und dem Glockenturm ist sicherlich die größte Attraktion der Stadt.

Säule erkennst du den geflügelten Löwen. Er ist das Symbol für den heiligen Markus und die Stadt Venedig. Der Löwe blickt nach Osten zu den Ländern, die von der Venezianischen Republik erobert wurden. Dieser Löwe hier oben wurde angeblich im 4. Jahrhundert in China hergestellt. So ganz sicher ist man sich aber nicht. Jedenfalls haben ihn die Venezianer schließlich aus Syrien hierher gebracht, ebenso wie die beiden Säulen. Seine Flügel erhielt der Löwe allerdings erst in Venedig.
Die Venezianer machten den geflügelten Markuslöwen zu ihrem Wahrzeichen. Zudem gaben sie ihm ein Buch in die Tatze«, fuhr Pollino fort. »Ein solcher Löwe unterstreicht die Macht und die Haltung Venedigs. Seine Flügel zeigen, wie schnell die venezianische Flotte segeln konnte. Im aufgeschlagenen Buch steht ›Friede sei mit dir, mein Evangelist Markus‹ eingemeißelt. Diese Worte hatte ein Engel zu Markus gesprochen, als sich dieser auf Missionsreise befand. Wenn der Löwe mit aufgeschlagenem Buch dargestellt wurde, hieß das, dass die Venezianische Republik dem christlichen Frieden folgte. Aber es gibt auch andere, grimmig dreinschauende Löwen: In ihren Tatzen ist das Buch geschlossen. Solche Löwen haben die Venezianer dann aufgestellt, wenn sich Venedig im Krieg befand.«

»Und wo ist die dritte Säule?«, warf Pollina ein. »Welche dritte Säule?«, fragte Pollino verblüfft. »Ja, ursprünglich sollten hier ja drei Säulen stehen. Und es gab tatsächlich eine dritte Säule. Die haben die Venezianer auch aus Syrien hierher transportiert. Doch als man sie vom Schiff herunterlud, stürzte sie ins Meer. Angeblich liegt sie noch immer auf dem Meeresgrund, genau unter der Gondelanlegestelle.«

Die Markuskirche

Die Markuskirche ist eine Basilika *(s. Begriffserklärungen)* und heißt auf Italienisch Basilica di San Marco. Ursprünglich war diese Kirche als Privatkapelle des Dogen gedacht. Daher wurde sie auch gleich neben der Dogenburg gebaut.

Im Jahr 828 waren die beiden venezianischen Kaufleute Buono und Rustico mit

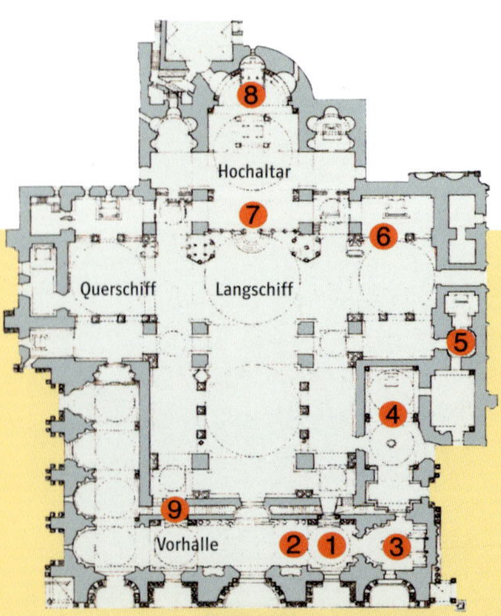

Grundriss der Markuskirche

1 Mosaik »Schöpfungsgeschichte«
2 Mosaik »Geschichte von Noah«
3 Zen-Kapelle
4 Taufkapelle (Baptisterium)
5 Schatzkammer
6 Pfeiler der Wiederauffindung der Markusreliquien
7 Ikonostase
8 Pala d'Oro
9 Museum San Marco

Über und über ist die Markuskirche kunstvoll geschmückt.

den Reliquien des heiligen Markus aus Alexandria zurückgekehrt. Der Doge wollte natürlich die sterblichen Überreste des neuen Schutzheiligen der Stadt in seiner Kirche aufbewahren. So wurde die Dogenkapelle zwischen 828 und 832 zur Markuskirche ausgebaut. Die Markuskirche war damals ein einfacher Holzbau.

Doch der Schutzheilige einer so mächtigen und reichen Stadt wie Venedig hatte eine besonders schöne Kirche verdient. Die Venezianer wollten eine Kirche schaffen, wie es sie in Europa noch nicht gäbe. Als Modelle schwebten ihnen bestimmte orientalische Bauten vor, die sie auf ihren Handelsreisen gesehen hatten, wie etwa die Apostelkirche in Konstantinopel.

Wahrscheinlich war es ein Architekt *(s. Begriffserklärungen)* aus Griechenland, der mit Hilfe von Handwerkern aus Byzanz und Venedig die erste große Markuskirche erbaute. Im Jahr 1063 wurde mit den Arbeiten am neuen Kirchenbau begonnen. Die Kirche bekam einen Grundriss in Form eines so genannten »griechischen Kreuzes«, zwei gleich lange, sich in der Mitte kreuzende Balken. Als Bedachung bekam sie fünf Kuppeln. Sie wurden sozusagen auf die Arme des Kreuzes und auf den Kreuzungspunkt gesetzt. Nach 31-jähriger Bauzeit wurde die Kirche im Jahr 1094 offiziell eingeweiht. Die Reliquien des heiligen Markus wurden feierlich in einem goldenen Grab beigesetzt.

Aber immer noch war das Äußere der Markuskirche ziemlich schmucklos: ein einfacher, unverputzter Bau, mit fünf flachen Kuppeln. Deshalb bestimmte der Doge, dass künftig alle Kaufleute Venedigs von ihren Reisen wertvolle Kunstgegenstände mitbringen mussten. Damit sollte das »Haus des heiligen Markus« innen wie auch außen prächtig geschmückt werden. Besonders nach der Plünderung der byzantinischen Hauptstadt Konstantinopel im Jahr 1204 wurden zahlreiche orientalische Kunstschätze in die Lagunenstadt gebracht. Viele davon könnt ihr in der Markuskirche bestaunen.

Schließlich wurde die **Fassade** der Kirche mit Säulen, Reliefs *(s. Begriffserklärungen)* und Skulpturen verziert und mit vielfarbigen Marmorplatten verkleidet. Über den Portalen brachten die Venezianer herrliche Mosaike *(s. Begriffserklärungen)* an, die unter anderem die Geschichte der Reliquien des heiligen Markus erzählen. Außerdem wurden in den folgenden Jahrhunderten die Kuppeln erhöht und eine Vorhalle an die Kirche angebaut.

»Ich habe gelesen, dass die ***vier Pferde*** *auf der Terrasse der Markuskirche einst in Konstantinopel standen«, sagte Pollino. »Der Doge Enrico Dandolo hat sie dort im Jahr 1204 , als Konstantinopel auf dem Vierten Kreuzzug erobert und geplündert wurde, geklaut ...« Pollina unterbrach ihren Bruder: »...entschuldige: nicht geklaut, sondern erworben und nach Venedig gebracht.« Pollina wusste genau Bescheid über die Geschichte dieser Pferde und erklärte: »Ursprünglich stammen die bronzenen Pferde aus Griechenland. Von dort hat man sie in das antike Rom transportiert, wo sie den Triumphbogen von Kaiser Trajan zierten. Der römische Kaiser Konstantin ließ die Pferde dann in die Hauptstadt des oströmischen Reiches, Konstantinopel, schaffen.« »Von Griechenland nach Rom, dann nach Konstantinopel, und schließlich nach Venedig: die haben ja eine tolle Reise hinter sich«, fügte Pollino an. »Ja, aber das ist noch nicht alles,« wusste Pollina, »im Jahr 1797 wurden sie von Napoleon nach Paris entführt. Erst 18 Jahre später*

Die vier Pferde auf der Terrasse der Markuskirche

Von der Terrasse der Markuskirche hat man einen wunderbaren Blick.

bekamen die Venezianer ihre Pferde zurück. Da oben stehen übrigens nicht die ›echten‹ Pferde, das sind nur Kopien. Die Originale schauen wir uns später an, die werden im Museum der Markuskirche aufbewahrt.«

Die Reliefs am Hauptportal der Markuskirche wurden im 13. und 14. Jahrhundert angefertigt.

Bevor ihr die Markuskirche betretet, werft einen Blick auf die Reliefs am äußeren Bogen des Portals. Hier sind Handwerker dargestellt: Schiffsbauer, Bäcker, Maurer, Schuster, Metzger, sogar ein Zahnzieher ist dabei. Der Meister ist immer derjenige mit Kopfbedeckung, einem Gewand und festen Schuhen. Die jungen Männer um ihn herum sind seine Gehilfen und Lehrlinge. Besonders hübsch ist die Darstellung des Bäckers auf der linken Seite des Bogens. Das vierte Relief von unten zeigt den bärtigen Mann mit einer Mütze auf dem Kopf. Man sieht, wie er gerade einer Frau zwei Brotlaibe reicht.

»Ganz unten auf der linken Bogenseite beißt sich einer sogar in die Finger!«, bemerkte Pollino überrascht. »Das ist eine ganz besondere Figur«, erwiderte seine Schwester. »Die Venezianer sagen, das wäre der Architekt der Kirche. Er beißt sich vor Ärger in die Finger, weil man ihn soeben wegen seiner Eitelkeit entlassen hat. Der Architekt war der Meinung gewesen, die Markuskirche sei alles andere als perfekt gelungen und er könnte eine noch viel schönere Kirche bauen.«

Während Pollino und Pollina darauf warteten, in die Markuskirche einzutreten, hatten sie genug Zeit, sich die Reliefs des Portalbogens genau anzusehen. Sie standen in einer Menschenschlange, die von Minute zu Minute länger wurde. »Papa hatte Recht,« meinte Pollina, »wenn wir nicht schon früh am Morgen hierher gekommen wären, hätten wir noch länger warten müssen.« Langsam bewegten sich die Geschwister mit der Menschenschlange Richtung Eingang. Endlich befanden sie sich im der Vorhalle der Markuskirche. Der Rundgang, der die Besucher gegen den Uhrzeigersinn durch die Kirche führt, konnte beginnen. Es herrschte großes Gedränge, doch Pollino und Pollina wussten von vornherein, was es an Interessantem in der Markuskirche zu sehen gibt, und vor allem, wo die Kunstwerke waren, die sie sich genau ansehen wollten.

Die Genesis-Kuppel: Die Schöpfungsgeschichte als Mosaik – zu sehen in der Vorhalle der Markuskirche

Bereits die **Vorhalle** der Markuskirche ist mit farbenprächtigen Gewölbemosaiken ausgeschmückt. Sie stammen von venezianischen Künstlern aus dem 13. Jahrhundert und erzählen Geschichten aus dem Alten Testament. Am berühmtesten sind die **Mosaiken der Genesis-Kuppel**. »Genesis« bedeutet Schöpfungsgeschichte, und genau die wird auf dem Mosaik im Kuppelgewölbe dargestellt. Die 24 Abbildungen schildern, wie Gott Himmel und Erde, Pflanzen, Tiere und Menschen erschuf. Sie zeigen auch die Vertreibung von Adam und Eva aus dem Paradies. Ebenfalls im Alten Testament ist die Geschichte **Noah und die Sintflut** überliefert. Und auch dazu gibt es in der Vorhalle ein Mosaik.

Pracht und Reichtum offenbart das Innnere der Kirche; die Venezianer machten aus ihrer Markuskirche die schönste Kirche der Welt.

Die Markusbasilika wird auch »Basilica d'Oro«, eine goldene Basilika genannt, und dies zurecht: Die Gewölbe, Kuppeln und Bögen des Kircheninneren sind mit wunderschönen Mosaiken überzogen, deren goldener Grund geheimnisvoll und feierlich schimmert. Nur wenig Tageslicht dringt in den Raum, der von Lampen mit einem gelbwarmen Licht beleuchtet wird - eine einzigartige Stimmung! Wie ein riesiges Bilderbuch erzählen die Mosaiken auf einer Fläche von über 4.200 qm Geschichten aus der Bibel und über den Schutzheiligen der

Stadt. Viele Menschen im Mittelalter, als die meisten dieser Mosaike entstanden, konnten weder lesen noch schreiben. Diese Bilder in Form von Mosaiken sollten den Gläubigen die Geschichten aus dem Alten und Neuen Testament *(s. Begriffserklärungen)* näher bringen. Gleichzeitig aber sollten die Mosaike in ihrem goldenen Glanz selbst als eine Erscheinung des Göttlichen wirken.

Die ersten dieser Mosaiken, die im 11. Jahrhundert entstanden, stellten Künstler aus Byzanz her. Mit großem Geschick und Können fügten sie einen Mosaikstein an den anderen. Dabei wurde jeder Stein so gedreht, dass er das Licht in eine andere Richtung lenkte. Die Venezianer lernten schnell, wie Mosaiken angefertigt werden und setzten die Arbeiten bald eigenständig fort. Bis ins 18. Jahrhundert hinein bedeckten sie die Markuskirche mit Bildwerken aus bunten Steinchen.

Die erste Kapelle, die Pollino und Pollina betraten, war die ***Zen-Kapelle*** *(Zugang über die »Taufkapelle«). Die Zen-Kapelle wurde zu Ehren des Kardinals Giambattista Zen errichtet. »Die Venezianer haben diese Kapelle in ›Kapelle der Madonna mit dem Schuh‹ umgetauft«, sagte Pollina. »Wieso das denn?«, fragte ihr Bruder neugierig. »Ganz einfach: Siehst du die Statue der heiligen Jungfrau mit Kind?« Pollino nickte. »Den Schuh an ihrem Fuß gab es zunächst gar nicht«, erklärte Pollina. »Ein Bettler hat ihn über den Fuß der heiligen Maria gestülpt. Als er tags darauf wieder kam, sah er, dass sich der Schuh in Gold verwandelt hatte. Ehrfürchtig ließ der Bettler den Schuh an Marias Fuß.« Pollino trat an die Statue heran und betrachtete den goldenen Schuh. »Ich an seiner Stelle hätte ihn wieder mitgenommen!«, sagte Pollino verschmitzt.*

Der Weg führt euch nun in die **Taufkapelle**, das Baptisterium (das ist eine entsprechende Bezeichnung für Taufkapelle). Der kleine Altar ruht angeblich auf einem Stein, den Jesus bestieg, um zu predigen. Die Venezianer brachten ihn 1126 in die Markuskirche. An der gewölbten Decke sind weitere, wunderschöne Mosaiken zu sehen, die Geschichten aus dem Leben von Johannes dem Täufer erzählen. Über dem Bogen, durch den ihr in das Langschiff der Markuskirche zurückgeht, ist die

Diese Mosaiken erzählen die Geschichte Noahs und seiner Familie.

Die »tanzende Salome«. Mit ihrem verführerischen Tanz brachte sie König Herodes dazu, Johannes den Täufer zu töten und ihr dessen Haupt zu übergeben.

tanzende Salomé abgebildet - sicherlich ein kleines Mosaik-Meisterwerk.

Wenn ihr euch jetzt dem Hauptaltar nähert, liegt auf der rechten Seite der Eingang zur **Schatzkammer** der Markusbasilika. Darin sind über 300 Kunstschätze ausgestellt, darunter Gold- und Silberpokale aus dem Orient, über 100 Reliquien von Heiligen sowie der Thron des Dogen. Rechts vom Hochaltar der Markuskirche befindet sich der Leonhardaltar, der frühere **Sakramentsaltar**. Davor steht jener berühmte Pfeiler, in dem die Reliquien des heiligen Markus eingemauert waren. Ihr erinnert euch an die Geschichte? Die Venezianer fürchteten, die Markusreliquien verloren zu haben. Nur noch ein Wunder konnte helfen. Sie beteten und fasteten drei Tage lang, und plötzlich waren die Reliquien in diesem Pfeiler zu sehen. Auf einem Mosaik rechts vom Pfeiler, an der Kirchenwand, ist dieses Ereignis geschildert: Die Kirchenfürsten stehen in einer Reihe. An ihrer Spitze befindet sich der Patriarch, der Bischof von Venedig. Dahinter der Doge und seine Berater. Den Dogen kann man leicht erkennen, denn er ist die größte Gestalt. In der Gruppe der Frauen links befinden sich wahrscheinlich auch die Gattin des Dogen und seine Tochter.

Bevor ihr den Bereich um den Hochaltar betretet, müsst ihr an einer besonders aufwändig verzierten Wand vorbei: der **Ikonostase** *(s. Begriffserklärungen)*. Das ist eine Schranke, die den Altarbereich vom Gemeinderaum der Kirche trennt. Auch in vielen anderen Kirchen Venedigs seht ihr Ikonostasen, die mit Kunstwerken und Reliefs reich verziert sind. Die Ikonostase in der Markuskirche besteht aus einer Reihe von acht Säulen. Ihre Kapitelle sind vergoldet. Sie tragen einen Balken, der mit Marmorfiguren aus dem 14. Jahrhundert geschmückt

Das Mosaik der Wiederauffindung der Markusreliquien

Ein Ausschnitt aus dem größten Kunstschatz der Welt: Die Pala d'Oro

ist. Dargestellt sind Maria, die Mutter Gottes, der heilige Markus und die zwölf Apostel.

Hinter dem Altartisch befindet sich die berühmte »**Pala d'Oro**«. Dieses Altarbild ist einer der kostbarsten Kunstschätze auf der ganzen Welt. Um es sehen zu können, müsst ihr extra Eintritt bezahlen. Die »Pala d'Oro« wird von einem mit wertvollen Edelsteinen verzierten Rahmen umschlossen. Goldschmiede aus Konstantinopel und Venedig haben in den vergoldeten Silberrahmen über 3000 Edelsteine eingefügt, darunter 1300 Perlen, 300 Smaragde und 15 Rubine. Im Jahr 976 hatte der Doge Pietro Orseolo I. die »Pala d'Oro« in Konstantinopel bestellt, aber bis ins 14. Jahrhundert wurde noch an ihr gearbeitet. Das Altarbild selbst ist aus 250 Bildtafeln zusammengesetzt, die Szenen aus dem Leben von Jesus Christus, der Jungfrau Maria und dem heiligen Markus zeigen.

Wie verzaubert blickte Pollina auf die »Pala d'Oro«. Die Edelsteine glitzerten und blinkten wie tausende kleine Sterne. Wie gerne hätte sie mit dem Finger über die Edelsteine gestrichen. Aber die »Pala« war in dickem Glas eingeschlossen und unerreichbar. Pollino wurde ungeduldig. »Nun mach schon! Ich möchte mir endlich die Original-Pferde im Museum der Markuskirche ansehen.« Doch Pollina reagierte nicht. »Also gut«, sagte Pollino, »ich geh schon mal voraus, wir treffen uns dann vor dem Haupteingang der Markuskirche wieder.«

Barbara

Wo steckt er denn nur wieder? Pollina hielt Ausschau nach ihrem Bruder. Aber von Pollino war weit und breit nichts zu sehen. Sie ging auf und ab und entdeckte links neben der Markuskirche einen kleinen Platz auf dem ***zwei steinerne Löwen*** (4) *wachen. Die drolligen Löwen aus rotem Marmor wurden gerade von einer Schulklasse als »Reittiere« benutzt. Mit lautem Gekreische versuchten die italienischen Mädchen und Jungen, sich gegenseitig von den blank gewetzten Rücken der Löwen herunterzuschubsen. Aber – war das nicht Pollinos Schopf, der da ab und zu aus der Menge auftauchte? Klar, das war eindeutig ihr Bruder. Pollina winkte ihm gerade zu, als sie neben sich ein vergnügtes Kichern hörte. Pollina drehte sich um und sah ein Mädchen, das etwa in ihrem Alter war. Mit ihrem Fotoapparat knipste sie Fotos von den Kinder-Cowboys auf den Marmorlöwen.*

»Du fragst dich sicher, was ich hier tue, oder?«, wandte sich die Fotografin an Pollina. »Fotografieren ist mein großes Hobby. Am liebsten fotografiere ich Löwen – ganz besonders Markuslöwen.

Ich habe zu Hause eine große Sammlung von Fotos mit Markuslöwen und bin immer wieder auf der Suche nach neuen Motiven. Die beiden roten Marmorlöwen da vorne sind bei Kindern am beliebtesten – was wohl nicht zu übersehen ist!«, fügte das Mädchen hinzu. »Dann hast du in deiner Sammlung jetzt auch ein Foto von einem Löwen mit meinem Bruder«, erwiderte Pollina, »das war der blonde Buffalo Bill von vorhin.« Die Mädchen mussten lachen. »Er heißt übrigens Pollino, und ich bin Pollina«.

»Ich heiße Barbara. Ich komme oft hierher. Ab und zu verkaufe ich auf dem Markusplatz auch Postkarten aus dem Laden meines Vaters. Der liegt hier gleich um die Ecke. Mein Vater liebt vor allem große Kunstbücher und alte Bücher über Venedig. Er sagt immer, dass Bücher lebendige Wesen seien. Man müsse sie liebevoll behandeln und pflegen. Oft verbringt er den ganzen Abend in seinem Laden, um seine Bücher zu ordnen, abzustauben oder einfach nur genussvoll darin zu blättern. Mein Vater hat mir auch eine Menge über die Geschichte und die Kunst Venedigs erzählt; Dinge, die ich in der Schule nicht erfahren habe. In unserer Familie standen Bücher schon immer im Mittelpunkt. Bereits vor 200 Jahren besaßen unsere Vorfahren eine Druckerei. Damals war diese nur eine von vielen in der Stadt. Immerhin gab es hier um das Jahr 1500 schon mehr als 200 Druckerpressen. Venedig war lange Zeit die Hauptstadt des Buchdrucks in Europa. Nur wenige Schritte von hier befindet sich die riesige Markusbibliothek. Dort lagern über 900.000 Bücher, darunter übrigens auch das Testament von Marco Polo. Die Venezianer liebten Bücher über alles – eben wie mein Papa!

Aber wie du sicher schon erfahren hast, sterben die Venezianer langsam aus. Immer mehr Geschäfte und Läden schließen. Früher gab es in meiner Nachbarschaft eine Bäckerei, einen Friseur und einen Lebensmittelladen. Heute muss ich zum Haareschneiden mit dem Vaporetto fast bis zum Bahnhof fahren. Meine Mama würde am liebsten aufs Festland übersiedeln. Allzu oft brauchen wir einen Klempner, weil mal wieder kein heißes Wasser aus der Leitung kommt. Was mich ja überhaupt nicht stört, aber du weißt ja, wie Mütter nun mal so sind.

Manchmal fahren wir nach Mestre, um die Familie meines Onkels zu besuchen. Früher wohnte der Bruder meiner Mutter mit seiner Familie in der Wohnung über uns. Vor 10 Jahren sind sie weggezogen. Und wenn wir sie jetzt ab und zu besuchen, schwärmen mir meine Cousins und Cousinen immer vor, wie toll Mestre sei: Es gebe große Einkaufshäuser mit Computerspielen, Videotheken, Kinos und so weiter. Dann nehmen sie mich auf eine ihrer ›Besichtigungstouren‹ durch ihr Stadtviertel mit. Aber dort gefällt es mir nicht: die Straßen sind breit und gerade, es gibt keine Brücken, kein Meer, und die Häuser sehen alle gleich aus. Einfach schrecklich! Zum Glück wird mein Vater seine Bücher und auch Venedig niemals verlassen, da bin ich mir sicher.

Jetzt habe ich aber genug gequasselt. Willst du meine Löwen-Sammlung mal sehen?«, fragte Barbara. »Ja, zeig mal!«, erwiderte Pollina. Barbara holte aus ihrer Fototasche ein dickes Buch. »Bis jetzt habe ich so an die 500 Fotos«, erklärte Barbara und begann, in dem Buch zu blättern. »Wie du siehst, gibt es in Venedig alle Arten von Löwen: große und kleine, mit Flügeln und ohne - hier zum Beispiel - einen mit Fledermausflügeln; dann diejenigen, die lieb dreinschauen, und welche, die so böse blicken, dass man richtig Angst bekommt.« Pollina war von den Löwenfotos fasziniert.

»Etwa 2000 Markuslöwen sollen sich in Venedig tummeln«, sagte Barbara. »Man findet sie überall, auf Hausmauern, auf Brücken, Türmen, Toren und Balkonen. Und auch in den Museen hängen eine Menge Gemälde oder dort sind Wappen und Statuen zu sehen, auf denen ein Markuslöwe dargestellt ist. Oft sind diese Löwen versteckt und nur schwer zu entdecken. Aber am Dogenpalast gibt es jede Menge Markuslöwen. Komm, du wirst sehen!« Barbara griff nach Pollinas Hand. »Warte, ich sag nur noch meinem Bruder Bescheid. Das wird ihm sicher auch gefallen.« Pollina rief nach Pollino, der sich nur schwer von seinem »Pferd« trennen konnte. »Komm schon, Cowboy! Das ist Barbara, die hat dich bei deinem Ritt fotografiert.«

»Super, kann ich ein Foto haben?«, wandte sich Pollino an das sympathische Mädchen. »Sicher«, erwiderte Barbara. Pollina berichtete ihrem Bruder vom Hobby ihrer neuen Freundin. In diesem Augenblick ertönte ein mächtiger Glockenschlag. Pollino und Pollina schreckten zusammen. Nur Barbara blieb gelassen. Auf der Dachterrasse des mehrstöckigen ***Uhrturms*** *über ihnen hatten zwei Mohrenfiguren mit ihren Hämmern auf die mittlere Glocke geschlagen. »Das machen sie zu jeder vollen Stunde, damit die Venezianer ihre Uhren danach stellen können«, erklärte Barbara und fuhr fort: »Als die Mohren zum ersten Mal nach der Fertigstellung des Uhrturmes mit den Hämmern loslegten, verlor angeblich der Turmwächter vor Schreck das Gleichgewicht und stürzte vom Turm.*

Am Festtag der Heiligen Drei Könige bekommen die beiden Mohren Gesellschaft. Aus einer Seitentür treten Figuren – Engel und die heiligen drei Könige. Sie verneigen sich vor der Madonna mit dem Kind und verschwinden wieder. Die Uhr und der Turm wurden zwischen 1496 und 1499 errichtet. Die Uhr war vor allem für Seefahrer wichtig. Auf dem blauen Zifferblatt konnten sie nicht nur die Uhrzeit ablesen, sondern auch die Mondphasen und Tierkreiszeichen zeigt diese Uhr an. Damit wussten sie über die Gezeiten Bescheid und konnten so die beste Reisezeit für ihre Seefahrten festlegen. Diese Uhr schien den Venezianern so perfekt, dass sie den beiden Uhrmachern nach Vollendung ihrer Arbeit die Augen ausstachen. Die Uhrmacher sollten nirgendwo anders so eine tolle Uhr bauen können.«

Plötzlich wurde Barbara unruhig: »Aber o je, der Glockenschlag erinnert mich daran, dass ich nach Hause muss. Es ist Zeit für das Mittagessen, mein Vater mag es gar nicht, wenn ich beim Essen unpünktlich bin. Aber wenn ihr wollt, komme ich morgen früh in euer Hotel. Bis dahin sind die Fotos fertig, und dann können wir gemeinsam etwas unternehmen Und vergesst nicht, euch die Frau mit dem Mörser anzusehen. Ciao, bis morgen!« »Barbara hatte es aber wirklich eilig«, bemerkte Pollino, »und was meinte sie mit dieser Frau sowieso?« »Der Frau mit Mörser? Ich weiß schon, wovon sie sprach«, sagte Pollina. »Komm mit, ich zeig sie dir!«

Wenn ihr vom Markusplatz kommt und den Durchgang unter dem Uhrturm hindurchgeht, seht ihr oben links am Haus die Darstellung einer **Frau mit einem Mörser** 6 in der Hand. Dazu erzählt man sich in der Stadt folgende Geschichte: Im Jahr 1310 wollten Rebellen den Dogen stürzen. Sie zogen in Richtung Dogenpalast. Als sie vor dem Uhrturm standen, ließ eine Frau aus einem Fenster im ersten Stock einen Mörser fallen. Ob absichtlich oder nicht, das weiß man nicht so genau. Jedenfalls fiel das schwere Küchengerät aus Ton genau auf den Anführer der Rebellen und tötete ihn. Seine Männer glaubten an einen Angriff der Regierungstruppen und flüchteten. Aus Dank, dass die Frau die Republik vor großem Unglück bewahrt hatte, durften sie und ihre Nachkommen für immer, und ohne dass ihnen die Miete je erhöht wurde, in dem Haus wohnen bleiben.

Auf dem Weg zum Dogenpalast geht ihr an einer Gruppe seltsam aussehender Figuren, den so genannten **Tetrarchen**, vorbei. 7 Die vier Statuen aus dunkelrotem Marmor wurden im 4. Jahrhundert wahrscheinlich in Ägypten angefertigt. Sie stellen die vier römischen Kaiser Valerius, Diokletian, Maximilian und Konstantin dar. Die Venezianer sind jedoch keineswegs von der kaiserlichen Herkunft der Figuren überzeugt. Sie glauben, dass die Statuen vier Räuber zeigen, die bei ihrem Versuch, in die Schatzkammer der Markuskirche einzubrechen, zu Stein erstarrten.

Ein »Schloss auf Säulen«: Der Dogenpalast

Der Dogenpalast

Der Dogenpalast erfüllte eine Reihe von Aufgaben. Er war einerseits Wohnung des Dogen; andererseits diente er als Ort des politischen Lebens und der öffentlichen Verwaltung der Venezianischen Republik. Hier befanden sich der Versammlungsraum für die Volksvertreter, die Amtssäle der Behörden, das Gerichtsgebäude, das Gefängnis und das Waffenlager. In den zahlreichen Sälen, Räumen und Zimmern herrschte jeden Tag geschäftiges Treiben. Der Doge traf auswärtige Gesandte, Richter, und Anwälte bereiteten sich auf ihre Prozesse vor, Wachpersonal begleitete Festgenommene auf dem Weg zum Gerichtssaal oder ins Gefängnis; Beamte und Notare nahmen Bittgesuche und Anfragen venezianischer Bürger entgegen. Irgendwann im Leben betrat jeder Venezianer einmal den Dogenpalast, ob unter guten oder bösen Vorzeichen.

Der erste Dogenpalast aus Stein entstand im Jahr 1175. Mit der Zeit wurde der Palast erweitert. Denn die Zahl der Regierungsmitglieder wuchs stetig an. Man benötigte größere Säle und Räume, und so wurde über Jahrhunderte in und am Dogenpalast gebaut. Innen wurden ständig neue Büros und Säle geschaffen. Auch die Außenmauern wurden mit Marmor verkleidet und Jahr für Jahr mit neuen Statuen, Säulen und Reliefs verziert. Erst Anfang des 17. Jahrhunderts stand der Dogenpalast so, wie ihr ihn heute vor euch seht. Trotz seiner wuchtigen, würfelförmigen Form scheint der Dogenpalast leicht und beinahe in der Luft zu schweben. Diese Wirkung entsteht durch die beiden langen Bogengänge mit den vielen Säulen im Erdgeschoss.

»54, 55, 56…« »Zählst du die Säulen?« Pollina schüttelte den Kopf und antwortete kurz darauf: »Nee«, ich zähle nur nach, wie viele Markuslöwen es hier am Dogenpalast gibt.« »Du solltest dir lieber die zwei Säulen da drüben angucken«, meinte Pollino. »Warum, was ist damit?« »Siehst du, dass sie dunkler gefärbt sind als die anderen?«, fuhr Pollino fort. »Sie sind aus rotem Marmor, und die rote Farbe hat nach Ansicht der Venezianer einen bestimmten Grund. In der Vergangenheit wurden vor dem Dogenpalast Verbrecher und Kriegsgefangene hingerichtet. Ihr Blut soll die beiden Säulen dunkelrot gefärbt haben.« »Was du für gruselige Geschichten kennst!«, erwiderte Pollina. »Komm, lass uns lieber in den Dogenpalast hineingehen.«

Früher betrat man den Dogenpalast durch die **Porta della Carta**, die »Papiertür«. Diesen eigenartigen Namen bekam das alte Eingangstor aus verschiedenen Gründen. Zum einen wurden hier neue, auf Papier geschriebene Gesetze angeschlagen und so der Bevölkerung bekannt gemacht. Zum anderen versammelten sich vor diesem Tor aber auch Hilfe suchende Bürger. Da normale Bürger der Stadt keinen Zutritt zum Dogenpalast hatten, schrieben diese ihr Anliegen oder ihre Bitte auf ein Blatt Papier und warteten darauf, es einem der Regierungsmitglieder, die hier ein- und ausgingen, überreichen zu können.

Heutzutage benutzt der Besucher den Eingang an der Meeresseite. Durch ihn gelangt man in den Innenhof des Palastes. Schon von weitem könnt ihr die mächtige **Scalinata dei Giganti**, die »Treppe der Riesen«, erkennen. An ihrem oberen Ende stehen zwei Kolossalstatuen. Sie stellen die Götter Mars und Neptun dar. Zwischen diesen steinernen Riesen musste ein neu gewählter Doge den Treueschwur gegenüber der Republik Venedig leisten. Hier bekam er die Dogenmütze, den »corno ducale«, aufgesetzt. Die reich geschmückte, mit Edel-

Früher, zu Zeiten der Republik Venedig, war die »Porta della Carta« der Haupteingang des Dogenpalasts.

steinen verzierte Kappe war sozusagen die Krone des venezianischen Dogen.

Pollino und Pollina folgten dem Bogengang: »Hier, diese Treppe führt hinauf zu den Sälen des Palastes. Aber du willst dir hoffentlich nicht alle anschauen«, jammerte Pollino. Er war schon ganz außer Atem. Pollina war bereits in den ersten Stock hinaufgeeilt und bewunderte den vergoldeten Stuck an der Decke der ***Scala d'Oro****, der »Goldenen Treppe«. »Mach nur nicht jetzt schon schlapp, Pollino! So etwas wie hier bekommst du nirgends auf der Welt zu sehen!« - »Kann sein, aber alles anschauen, das schaffen wir nie«, brummte Pollino. »Stimmt!«, erwiderte Pollina einsichtig. Sie entfaltete einen Plan, auf dem alle Räume des Palastes eingezeichnet waren. »Lass uns die Stellen ankreuzen, wo wir hingehen wollen. An den anderen Räumen gehen wir einfach vorüber.«*

Vom Innenhof des Dogenpalastes sieht man den Campanile.

Der Dogenpalast mit seinen unzähligen Räumen, Gemälden und Kunstwerken ist heute ein riesiges Museum. Wo früher der Doge wohnte, Regierungsmitglieder, Beamte und Richter ein- und ausgingen, ist heute alles verlassen und leer. Selbst die Möbel hat man weggeschafft, viele davon wurden von Soldaten Napoleons gestohlen. An den Wänden und an den Decken der Prunksäle befinden sich aber immer noch die riesigen Gemälde von einst. Sie zeugen von der glorreichen Vergangenheit der Lagunenstadt. Beinahe alle berühmten Maler Venedigs haben zumindest ein Bild für den Dogenpalast angefertigt. Themen und Inhalte der Bilder sind fast immer dieselben: die Siege der Republik Venedig über ihre Gegner und die Ruhmestaten ihrer Bürger. Den Besuchern des Dogenpalastes konnte und sollte richtig schwindelig werden vom Glanz und Ruhm Venedigs, die auf den Bildern dargestellt sind. Als Wohnung wurde der Dogenpalast allein vom Dogen während seiner Regierungszeit genutzt. Der Doge musste jedoch bei seinem Amtsantritt die Möbel selbst mitbringen,

Der Künstler Vittore Carpaccio hat dieses Bild eines Markuslöwen im Jahr 1516 gemalt

da die Räume und Zimmer der Dogenwohnung nicht eingerichtet waren. Nach dem Tod des Dogen wurde das **Appartamento Ducale**, so heißt die Dogenwohnung auf Italienisch, wieder leer geräumt. Ihr könnt also, ohne etwas zu verpassen, am Eingang zur verlassenen Dogenwohnung im ersten Stock vorbeigehen und die »Scala d'Oro« weiter hinaufsteigen.

Allerdings sollten Jäger von Markuslöwen einen Blick in einen kleinen Saal der Dogenwohnung werfen, die **Sala Grimani**. Dort hängt ein Gemälde von Vittore Carpaccio, das einen Markuslöwen, das Erkennungszeichen der venezianischen Republik, vor dem Dogenpalast zeigt. Während seine Hintertatzen über dem Wasser schweben, stehen die Vordertatzen auf festem Boden. In diesem Gemälde soll verdeutlicht werden, dass sich die Macht Venedigs sowohl auf das Land als auch auf das Meer erstreckte. Im Hintergrund des Bildes könnt ihr den Markusplatz mit Uhrturm, Glockenturm und Markuskirche erkennen.

Euer Rundgang durch das »Museum« Dogenpalast beginnt im zweiten Stock.

Am Ende der Treppe befindet sich der »Atrio Quadrato«, der kleine, quadratische Empfangsraum des Palastes. Ihr durchquert ihn und gelangt in den großen Wartesaal des Dogenpalastes. Die vier Türen haben dem Saal seinen Namen verliehen: **Sala delle Quattro Porte** (»Saal der vier Türen«). Hier trafen sich die Regierungsmitglieder und Beamten in der Zeit zwischen den Versammlungen. Auf den Gemälden an der Decke und an den Wänden wurde ihnen das glanzvolle Wirken der mächtigen Stadt vor Augen geführt. Die Bilder sollten natürlich auch unterstreichen, welch große Verantwortung die Beamten bei der Führung der Stadt trugen.

Wie zum Beispiel auf den Deckengemälden. Setzt euch ruhig auf die Holzbänke entlang der Seitenwände. Von hier könnt ihr diese Gemälde in Ruhe betrachten. Sie stammen aus der Werkstatt des Malers Tintoretto. In der Mitte wird Venezia – Venedig – als junge Frau in der römischen Mythologie dargestellt: Jupiter, der höchste Gott, überträgt Venezia symbolisch die

»Neptun bietet Venedig die Schätze des Meeres« – so lautet der Titel des Bildes, gemalt von Giovanni Battista Tiepolo.

Herrschaft über die Adria. Auch in den runden Bildern davor wird Venezia im Kreis römischer Gottheiten gezeigt: Die Göttin Juno verleiht Venezia das Zeichen der Unsterblichkeit, die der Pfau darstellt; zudem bekommt Venezia den Blitz; er steht für die Macht.

Noch ein Gemälde gibt es in der »Sala delle Quattro Porte«, worauf Venedig als junge Frau abgebildet ist. Es ist nicht zu übersehen. Es steht frei im Raum auf einer Staffelei. Darauf ist eine ganz andere »Venedig« zu sehen. Nicht mehr streng und erhaben blickt sie dem Betrachter entgegen wie auf Tintorettos Bild. Träge liegt sie da, gehüllt in seidene Kleider und einen flauschigen Pelzumhang; eine Krone sitzt nachlässig auf ihrem Kopf. Der Löwe, auf den sie sich stützt, blickt müde und grimmig wahrscheinlich deshalb, weil er mehr wie ein Schoßhund behandelt wird. Giovanni Battista Tiepolo hat dieses Bild im 18. Jahrhundert gemalt und ihm den Titel »Neptun bietet Venedig die Schätze des Meeres« gegeben. Als das Gemälde entstand, war die große Zeit der Republik Venedig bereits vorüber. Trotzdem ging es den reichen Adeligen immer noch so gut wie der Frau auf dem Bild. Sie wird von Neptun, dem Herrscher über das Meer, mit Münzen, Perlen und Korallen reich beschenkt. Hinter seinem göttlichen Herrn schaut ein Wassergeist dem Geschehen neugierig zu.

Vom »Saal der vier Türen« gelangt ihr zunächst in die **Sala del Anticollegio** und dann in die **Sala del Collegio**. Hier setzte sich der Doge mit seinen Beratern zusammen und diskutierte über alte und neue Gesetze. Außerdem wurden wichtige Besucher in diesem Saal empfangen. Diese mussten sich dreimal vor dem Dogen verbeugen: am Eingang, in der Mitte des Raumes und kurz vor dem Dogen selbst. In der angrenzenden Sala del Senato versammelten sich die Senatoren, die Mitglieder des Senats. Sie entschieden darüber, ob Venedig Krieg führen oder Frieden schließen solle. Die Senatoren trugen lange, rote Gewänder und saßen auf Sitzreihen entlang der Wände. Die Bühne war für den Dogen und die ranghöchsten Beamten reserviert.

Pollino und Pollina gingen durch den Senatssaal und die »Sala delle Quattro Porte« und kamen in den »Saal des Rates der Zehn«. »In diesem Raum wurde entschieden, ob jemand für lange Zeit ins Gefängnis gesteckt oder sogar getötet werden solle«, sagte Pollina. »Der Doge und die Regierungsmitglieder bestimmten zehn Richter, die sich hier versammelten. Deshalb nennt man den Saal auch ›Saal des Rates der Zehn‹. Dieser Rat leitete eine Geheimpolizei. Die war ständig auf der Suche nach Verrätern und Staatsfeinden. Da das Volk die Mitglieder nicht kannte, musste jeder in Venedig aufpassen, dass er nichts Schlechtes über die Regierung verbreitete.«

Pollino und Pollina betraten den nächsten Raum, die ***Sala della Bussola****. »Siehst du den Schlitz dort neben der Tür zum Ausgang«, fragte Pollino. »Als wäre das der Schlitz eines Briefkastens«, erwiderte Pollina. »Ja, nur hatten die Briefe, die hier eingeworfen wurden, oft böse Folgen. Durch den Schlitz konnte man Zettel stecken, auf die man die Namen von Personen geschrieben hatte, die sich eines Vergehens gegen die Republik schuldig gemacht hatten. Der Absender musste seinen Namen nicht nennen. Früher war der Schlitz das Maul einer Maske, die die Venezianer* ***»Bocca della Verità«****, »Mund der Wahrheit«, nannten. Von solchen ›Mündern‹ gab es mehrere im Dogenpalast. Napoleon ließ sie fast alle entfernen, aber im ersten Stock kannst du noch eine vollständige ›Bocca della Verità‹-Maske sehen.« »Die Venezianer konnten ja ganz schön gemein sein«, erwiderte Pollina empört. »Na ja, man muss ihnen aber zugute halten, dass die Geheimpolizei nur jene Verdächtigen unter die Lupe nahm, die von wenigstens zwei Personen desselben Vergehens beschuldigt wurden«, antwortete Pollino.*

Bevor die Geschwister den zweiten Stock verließen, warf Pollino noch einen Blick in die ***Waffenkammer*** *des Dogenpalastes. Über 2200 Kriegs- und Turnierwaffen sind*

Eine »Bocca della Verità« – der gefürchtete »Mund der Wahrheit«. Er war der Briefkasten der Geheimpolizei.

hier ausgestellt, darunter Schwerter, Armbrüste, Hellebarden und sogar Kanonen. Von den Ritterrüstungen gefiel Pollino die des französischen Königs Heinrich IV. aus dem Jahr 1603 besonders gut.

Im ersten Stock des Dogenpalastes befindet sich der größte Saal des ganzen Palastes, der Sitzungssaal des Großen Rates, die **Sala del Maggior Consiglio**. Die knapp 2000 Mitglieder des Großen Rates wählten hier den Dogen, die Regierungsmitglieder und die hohen Staatsbeamten. Die Versammlungen des »Großen Rates« fanden immer hinter verschlossenen Türen statt, während auf dem Markusplatz Soldaten Wache standen. Entlang der Wände könnt ihr die Porträts von 76 Dogen sehen.

»Siehst du die Stelle, die mit einem schwarzen Vorhang übermalt ist?«, Pollino deutete auf die Reihe der Dogenportraits. »Dort sollte eigentlich das Porträt vom Dogen Marino Falier hängen. Falier wollte als alleiniger Herrscher in Venedig regieren und wurde deshalb als Verräter enthauptet. Übrigens geschah das auf der ›Scala dei Giganti‹, die wir vorhin gesehen haben. Dann hat man Falier still und heimlich begraben – mit dem Kopf zwischen den Beinen!« Pollina lief ein kalter Schauer über den Rücken.

Wie in den anderen Sälen des Dogenpalastes sind auch in der »Sala del Maggior Consiglio« die Wände geschmückt mit riesigen Gemälden. Einige von ihnen stellen Kriegsszenen oder Heldentaten venezianischer Befehlshaber dar. Die Bilder »Die Eroberung von Konstantinopel« und »Das Kreuzritterheer überfällt Konstantinopel« halten das kriegerische Geschehen, das zur Eroberung der byzantinischen Hauptstadt führte, genauestens fest. Aus dem Getümmel von angreifenden Soldaten und Verteidigern ragen die großen Türme der Stadtmauer von Konstantinopel hervor. Dank dieses befestigten Mauerrings hatte die Stadt bis dahin alle Angriffsversuche abwehren können. Auf diesem Gemälde, »Die Eroberung von Konstantinopel«, von Domenico Tintoretto, dem Sohn des berühmten Tintoretto, ist das Schiff des Dogen gut zu erkennen. Und mitten im Getümmel seht ihr den über 100(!) Jahre alten Dogen Enrico Dandolo im roten Gewand eines Kreuzritters neben dem Mast dargestellt. Er führte die Kreuzritter an.

Der Doge Marino Falier wurde enthauptet. Ihr bemerkt, nicht der Doge regierte Venedig, sondern er war so etwas wie der ranghöchste Angestellte der venezianischen Republik.

Eines der zahlreichen Schlachtenbilder in der Sala del Maggior Consiglio: »Die Eroberung Konstantinopels« von Domenico Tintoretto

Nicht zu übersehen ist das Gemälde »Paradies« von Tintoretto hinter der hölzernen Tribüne, auf der der Doge und seine sechs Regierungsmitglieder Platz nahmen. Das Bild ist so groß, dass es eine ganze Wand des riesigen Saales bedeckt: 22 Meter lang und 7 Meter hoch. Damit war das Gemälde zur Zeit seiner Enthüllung nicht nur das größte Ölgemälde der Welt, sondern auch das Bild mit den meisten Figuren. Über 500 Heilige und Engel hat Tintoretto auf dem Gemälde dargestellt. Sie alle drängen zu den beiden Haupt-Figuren oben, zu Jesus Christus und Maria. Neben ihnen befinden sich die Erzengel Gabriel – er hält einen Lilienzweig, das Zeichen der Verkündigung –

Die Sala del Maggior Consiglio ist der größte Saal im Dogenpalast: 53 m lang und 25 m breit.

»Das Paradies« von Tintoretto. Über 500 Figuren sind darauf zu sehen.

und Michael mit Waage und Schwert, dem Zeichen der göttlichen Gerechtigkeit. Darunter sind die vier Evangelisten Markus, Lukas, Matthäus und Johannes zu sehen. In diesem Gemälde sollte verdeutlicht werden, dass alle wichtigen Entscheidungen der Venezianischen Republik auch ein Ausdruck göttlichen Willens sind. Tintoretto war schon fast 70 Jahre alt, als er mit den Arbeiten an dem Bild begann. Vier Jahre lang malte er am »Paradies«. Wegen dessen riesiger Ausmaße musste Tintoretto auf einen Trick zurückgreifen: Das Gemälde entstand auf vielen kleineren Leinwandstücken, die er in seiner Werkstatt bemalte. Diese brachte er in den Dogenpalast und nähte sie zu einem großen Gemälde zusammen. Dann übermalte sein Sohn Domenico die Nahtstellen.

Alle, die sich für Gefängnisse, Kerker und Folterkammern interessieren, können nun einen Abstecher in die **Gefängnisse des Dogenpalastes** machen. Durch die 9 schmalen Gänge geht ihr nun denselben Weg wie früher die Verbrecher und Staatsfeinde der Republik. Ihr gelangt über die »**Seufzerbrücke**« in die Neuen Gefängnisse. Die Seufzerbrücke diente als Verbindung zwischen den Gerichtssälen im Dogenpalast und den Gefängnissen auf der anderen Seite des Kanals. Aus den vergitterten Fenstern der Brücke konnten die Verurteilten und Angeklagten vor Antritt ihrer langen Strafe noch einen letzten Blick auf das Meer werfen. Und dabei haben die meisten wohl geseufzt, weshalb diese Brücke den Namen »Seufzerbrücke« erhielt. Im 16. Jahrhundert wurden die alten Kerker im Erdgeschoss des Dogenpalastes zu klein und es mussten neue Gefängnisse geschaffen werden. Neben dem Dogenpalast entstand ein großes Gebäude mit unzähligen Kerkern, Kammern, Kellern, Treppen und Gängen. Besonders gefürchtet bei den Gefangenen waren die »Pozzi«, die feuchten und dunklen Gefängnisse im Keller. Sie wimmelten nur so von Ratten und sonstigem Ungeziefer. Auf eurem »Rundgang« könnt ihr auch die Gefängnisse des Dachgeschosses, die »Piombi«, besichtigen. In die Bleikammern, daher der Name »Piombo« (= Blei), steckte man Personen, die geringere Vergehen begangen hatten. Aber auch hier ging es den Gefangenen nicht viel besser als im Keller. Die Sonne erhitzte das Blechdach des Palastes und schnell war es in den Kammern unerträglich heiß.

Endlich eine frische Brise, dachte sich Pollino, als er aus dem Dogenpalast heraustrat. Pollina schien es genauso zu gehen, denn mit kräftigen Zügen holte sie erst einmal tief Luft. Die Geschwister sahen sich fragend an: »Sag bloß, auch du hast genug von Bildern, Gold und Klunkern«, seufzte Pollino. »Basta! Mir reicht's!«, erwiderte Pollina. »Basta oder Pasta?«, Pollino träumte von leckeren Nudeln mit Tomatensoße und Meeresfrüchten. »Hast du auch so ein Gefühl im Bauch, wie ein Flüstern, das nach Essbarem verlangt.« »Ein Flüstern?« »Ja, oder ein Schrei, je nachdem.« Pollina nahm ihren Bruder am Arm: »Komm, lass uns was futtern gehen!« Pollinos Gesicht strahlte. »Zuerst ein kleiner Wettlauf: Wer ist als Erster bei den Gondeln?« - schon rannte Pollino los über die Piazzetta von San Marco Richtung Meer.

Pollino und Pollina mussten aufpassen, bei ihrem Slalomlauf durch die vielen Touristen niemanden anzurempeln. Pollino hatte bereits Vorsprung vor seiner Schwester und war schon fast bei den Zwillingssäulen angelangt. Plötzlich hörte er Pollina hinter sich rufen. »Lauf auf keinen Fall zwischen den Säulen hindurch, das bringt Unglück!« Pollino rannte weiter - welch ein Unfug, das ist doch nur ein Trick!, dachte er bei sich. Er war schnell an der Gondelanlegestelle. Von dort aus beobachtete er, dass Einheimische tatsächlich in einem großen Bogen um die beiden Säulen herumgingen.

Vom Dogenpalast links führt die Seufzerbrücke zum Gefängnisbau rechts.

Die Riva degli Schiavoni: »Schiavoni« wurden in Venedig die Einwanderer aus Dalmatien genannt.

Pollina stand mittlerweile neben ihrem Bruder und erklärte: »Früher fanden zwischen den Säulen ziemlich schreckliche Dinge statt: Verbrecher und Verräter, die zum Tode verurteilt waren, hat man hier hingerichtet und dann an den Füßen aufgehängt. Drei Tage und Nächte lang mussten die Venezianer das grausame Schauspiel ansehen. Jedem sollte klar sein, was mit Feinden der Venezianischen Republik passiert.« Sichtlich beeindruckt folgte Pollino seiner Schwester, als sie vor den beiden Säulen abbog. »Lieber nichts riskieren«, dachte er sich, »wenn die Einheimischen so vorsichtig sind!«

Ihr kommt nun auf eine Brücke, die auf Italienisch »Ponte della Paglia« heißt. Hier gibt es immer eine große Ansammlung von Touristen. Seltsamerweise genießen sie nicht den Blick aufs Meer hinaus, sondern sehen in die entgegengesetzte Richtung. Dort befindet sich die »Seufzerbrücke«, über die ihr bereits gegangen seid.

Nicht weit vom Markusplatz

Pollino und Pollina erreichten die **Riva** 10
degli Schiavoni, eine breite Uferpromenade mit herrlichem Blick auf die Bucht von San Marco. Am Horizont zeichnete sich die lang gestreckte Lido-Insel ab, ganz deutlich sahen sie die Inseln San Giorgio und Giudecca. Auf dem Meer kreuzten Schiffe und Boote aller Größen und Formen. Pollina wusste, dass ihr Bruder ganz verrückt nach Schiffen war und hatte trotz Pollinos Hungergefühl Mühe, ihn zum Weitergehen zu bewegen. Pollino konnte sich einfach an diesem Anblick nicht satt sehen: Auf dem glitzernden, türkisblauen Meer schwebten Gondeln und Vaporetto-Boote, Frachtboote und Fähren, Segel- und Kreuzfahrtschiffe.

Ein schmaler Durchgang, der »Sotoportego San Zaccaria«, führt von der Uferpromenade zur **Kirche San Zaccaria**. Die Kirche 11
gehörte zu einem Kloster, das ein Doge im 9. Jahrhundert gegründet hatte. Heute befindet sich im Gebäude neben der Kirche

Die Krypta von San Zaccaria steht die meiste Zeit unter Wasser. Hierin liegen acht Dogen begraben.

die Polizei. Früher lebten hier Töchter venezianischer Adelsfamilien. Sie wurden von ihren Eltern in das Kloster gebracht, um bei den Ordensschwestern eine gute Erziehung zu erhalten. Die jungen Venezianerinnen waren allerdings damit nicht immer einverstanden. Sehr beliebt war das alte Kloster San Zaccaria bei den venezianischen Dogen. Von der Äbtissin bekamen sie jedes Jahr eine neue Dogenmütze überreicht, die hier bestickt wurde. Der Doge bedankte sich, indem er den österlichen Prozessionszug, den er selbst anführte, am Kloster enden ließ.

Kloster und Kirche wurden nach dem heiligen Zacharias, dem Vater von Johannes dem Täufer, benannt. Seine sterblichen Überreste werden seit dem 9. Jahrhundert in einem gläsernen Sarg an der rechten Kirchenwand aufbewahrt. Von der ursprünglichen Kirche San Zaccaria ist nur noch der unterirdische Grabraum, die Krypta, übrig geblieben. Auf dem Weg dahin durchquert ihr die »Capella di San Tarasio«. Die kleine Kapelle ist an der Gewölbedecke mit wunderbaren Fresken *(s. Begriffserklärungen)* des Malers Andrea del Castagno geschmückt. Darauf sind Gottvater, die Evangelisten und verschiedene Heilige abgebildet.

Andrea del Castagno kam im Jahr 1442 aus Florenz nach Venedig und malte schon im Stil der Renaissance *(s. Begriffserklärungen)*, wie er in Florenz verbreitet war. Der Renaissance-Malstil wurde von den venezianischen Künstlern sehr schnell angenommen. Sie haben dabei eine ganz eigenständige Richtung dieser Malweise entwickelt.

Einer der berühmtesten Renaissance-Maler der Stadt war Giovanni Bellini. Von ihm stammt die »Pala di San Zaccaria« über dem mittleren Altar auf der linken Seite der Kirche. Auf dem Gemälde ist Maria mit dem Jesuskind zu sehen, umgeben von der heiligen Lucia (mit der Schale), der heiligen Katharina und dem heiligen Hieronymus (im roten Mantel mit Buch) und Petrus (mit Schlüssel). Ein musizierender Engel begleitet mit seinem Instrument die Gruppe. Ihr werdet in Venedig des Öfteren auf Bilder von Giovanni Bellini treffen. Da der Maler immer leuchtende, warme Farben verwendete, könnt ihr seine Bilder gut von den Gemälden anderer Künstler unterscheiden.

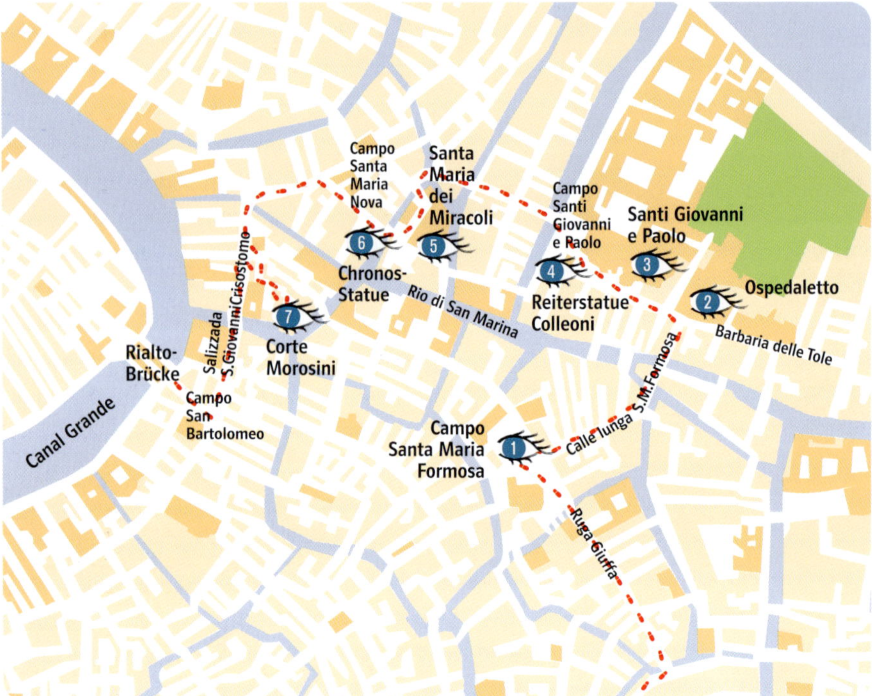

»Campi« – Die kleineren Plätze Venedigs

Nicht weit von der Kirche San Zaccaria entfernt liegt der **Campo Santa Maria** (1) **Formosa**. Lasst euch von dem Namen nicht irreleiten: »Campo« heißt übersetzt ja eigentlich Feld, aber der »Campo Santa Maria Formosa« ist einer der größten und schönsten Plätze in Venedig. Der Platz wird eingerahmt von hübschen venezianischen Palästen und von einer Kirche, und ist auf zwei Seiten von Kanälen begrenzt. In der Vergangenheit fanden hier Stierhatzen, Feste und Theateraufführungen statt. Auch heute ist dieser »Campo« immer noch einer der belebtesten Plätze in Venedig. Der Glockenturm neben der Kirche Santa

Maria Formosa birgt ein besonderes Geheimnis. Am Sockel blickt euch eine hässliche, groteske Fratze entgegen. Die Venezianer nennen das steinerne Gesicht Mascaron, also große Maske. In der Stadt gibt es noch mehrere solcher Masken. Der »**Mascaron**« von Santa Maria Formosa soll böse Geister von der Kirche fernhalten und verhindern, dass der Teufel den Turm hochklettert und die Glocke zum Leuten bringt. Bisher hat das recht gut geklappt!

Die »Calle lunga Santa Maria Formosa«, die »lange Gasse von Santa Maria Formosa«, bringt euch zum nächsten Campo, dem »Campo Santi Giovanni e Paolo«. Dabei kommt ihr am **Ospedale dei Derelitti** (2) vorbei. Dieses Gebäude wurde im 16. Jahrhundert gebaut und war Krankenhaus, Altersheim und Waisenhaus in einem. Arme und Kranke, Witwen und Alte, Waisen- und Findelkinder, die in der Stadt keine Unterkunft hatten, wurden hier beherbergt und versorgt. Einrichtungen dieser Art konnten sich nur die reichsten Städte Europas leisten, und Venedig war so reich, dass es gleich mehrere »Ospedali« in der Stadt gab. Aber keines war so bekannt wie das »Ospedale dei Derelitti«. Der Grund lag darin, dass die aufgenommenen Mädchen schon von klein an Musikunterricht bekamen und oft zu hervorragenden Musikerinnen heranwuchsen.

Im Musiksaal des »Ospedale« lauschten die Venezianer begeistert dem Spiel der Mädchen bei Aufführungen und Konzerten. Die Mädchen sollten allerdings nicht vom Publikum gesehen werden und mussten in einem Raum mit geschlossener Tür spielen. Durch eine Öffnung über der Tür drang die Musik in den Saal. Die »Sala della Musica« könnt ihr besichtigen. Es ist ein kleiner, runder Saal mit schönen Fresken. Aber Achtung: Der Torbogen, die Säulen, das Gitter über der Tür, der Hund mit seinem Schatten - das alles ist nicht echt, sondern nur gemalt. Der Künstler der Fresken wählte die so genannte illusionistische Malweise, um den Raum größer erscheinen zu lassen, als er tatsächlich ist.

*Pollino und Pollina befanden sich auf dem **Campo Santi Giovanni e Paolo** und betrachteten die riesige **Basilica dei Santi Giovanni e Paolo** (3) (unter »Basilika« s. Begriffserklärungen). Sie ist gleich zwei Heiligen (auf Italienisch »Santi«) gewidmet: dem heiligen Johannes und dem heiligen Paulus. Die Basilika ist die größte Kirche in Venedig: sie ist 35 Meter hoch und mehr als 100 Meter lang. Dogen, Feldherrn und Ehrenbürger wollten hier begraben werden, deshalb gibt es in dieser Basilika zahlreiche Grabmäler.*

Pollina hatte neben der Kirche eine Fassade mit vielen Markuslöwen entdeckt und machte sich daran, einen nach dem anderen zu fotografieren. »Die nervt vielleicht«,

Die Scuola di San Marco am Campo Santi Giovanni e Paolo, dem Platz der Heiligen Johannes und Paulus

dachte sich Pollino. Sie hat nur Markuslöwen im Kopf. Dabei gibt es auf dem Platz ein wunderbares Reiterstandbild! Er ging zu der großen Statue, die einen Reiter auf seinem Ross darstellte. Endlich stand Pollino einem »richtigen« Helden von Angesicht zu Angesicht gegenüber: Bartolomeo Colleoni.

Die Reiterstatue von Bartolomeo 4 **Colleoni** wurde vom Lehrer Leonardo da Vincis, dem Bildhauer Andrea del Verrocchio aus Florenz, geschaffen. Im Jahre 1488 hat man das Standbild in Bronze gegossen. Aber wer war Bartolomeo Colleoni? Colleoni war ein »Condottiere«. Das waren Ritter, die eine eigene Armee anführten und damit im Auftrag einer Stadt in den Krieg zogen. Im 14. und 15. Jahrhundert stellten die Regierungen der italienischen Stadtstaaten diese so genannten Söldnerführer ein, weil sie sich keine fest angestellten Soldaten leisten wollten oder konnten. Condottieri erhielten viel Geld für ihre Arbeit und führten, nachdem sie ihre Ritter, Bogenschützen und Lanzenreiter ausbezahlt hatten, ein wohlhabendes Leben. Colleoni kämpfte mehrmals für Venedig und gewann fast alle Schlachten. Er wurde von den Venezianern sogar zum

»capitano generale«, zu ihrem Hauptmann, ernannt. Colleoni war einer der wenigen Condottieri, die nicht im Kampf starben oder wegen Verrats enthauptet wurden. Erst mit 70 Jahren zog er sich aus diesem Geschäft zurück. Berühmt und reich lebte Colleoni dann bis zu seinem Tod auf einem Schloss in der Nähe von Bergamo.

Das alles erzählte Pollino seiner Schwester, die neben ihm stand und neugierig fragte, wer der stolze Reiter vor ihnen sei. »Das Beste kommt aber noch«, sagte Pollino. »Als Colleoni starb, vermachte er der Stadt Venedig eine große Summe Geld. Allerdings unter einer Bedingung: Sein Reiterstandbild sollte vor der Markuskirche aufgestellt werden. Die Venezianer waren natürlich scharf auf das Geld, wollten aber keine Statue von einem Söldnerführer auf dem schönsten Platz ihrer Stadt aufstellen. Da kam ihnen eine Idee: wenn sie das Denkmal hier errichteten, stand es auch vor einer Markuskirche, nämlich der von der ›Scuola Grande di San Marco‹. Das ist das Gebäude, das du vorhin wegen der vielen Markuslöwen fotografiert hast.« »Was für Schlitzohren!«, empörte sich Pollina. »Ja, aber Colleoni wird sich irgendwann mal rächen!«, erwiderte Pollino mit düsterem Gesichtsausdruck.

Bartolomeo Colleoni, der berühmteste Söldnerführer Venedigs

Ihr seid jetzt fast am Ende des ersten Rundganges angelangt. Von der Haltestelle an der Rialto-Brücke könnt ihr nun auf dem Canal Grande mit einem Vaporetto wieder zum Markusplatz zurückfahren. Auf dem Weg zur Rialto-Brücke gibt es aber noch einiges zu sehen. So etwa die beliebteste »Hochzeitskirche« Venedigs. Die Kirche

Santa Maria dei Miracoli ist mit ihrer vielfarbigen Marmorfassade besonders hübsch. Sie wurde in den Jahren 1481–89 von dem Baumeister Pietro Lombardo errichtet. Die Kirche wurde deshalb gebaut, damit dort ein bestimmtes Bild ausgestellt werden konnte. Dieses Gemälde stammt von Nicolò di Pietro und zeigt Maria mit

Die Kirche Santa Maria dei Miracoli

Kind. Angeblich soll es Wunder wirken, deshalb auch der Name der Kirche »Heilige Maria der Wunder«. Die Venezianer fanden dieses Marienbild durch Zufall in einem alten Haus in der Nähe der Kirche. Am 31. Dezember 1489 wurde das Gemälde über dem Kirchenaltar befestigt, und dort hängt das wundertätige Bild noch immer.

Am Campiello Santa Maria Nova, einem Nebenplatz des gleichnamigen »Campo«, befindet sich eine der eigenartigsten Statuen Venedigs: die **Chronos-Statue**. An der Fassade des Palastes Bembo-Boldù blickt euch aus einer Nische ein Mann entgegen, der komplett mit Haaren überwachsen ist. Der »wilde« Mann hält eine Scheibe mit einem Bild der Sonne in der Hand. Die Venezianer sind der Ansicht, ein Künstler hätte hier Chronos, dem antiken griechischen Gott der Zeit, ein Denkmal gesetzt.

*Müde schleppten sich Pollino und Pollina durch die Gasse der Salizada San Giovanni Crisostomo. Ihre Beine wurden immer schwerer, und sie sehnten sich nach der harten Bank eines Vaporetto. Aber eine Geschichte hatte sich Pollina noch aufgehoben, die sie ihrem Bruder unbedingt erzählen wollte. Sie nahm Pollino bei der Hand und führte ihn durch eine enge, verwinkelte Gasse, die »Calle Morosini«, zu einem Innenhof. »Das ist die **Corte Morosini**«, sagte Pollina. »Hier wohnte die*

Chronos, der antike griechische Gott der Zeit

Das wundertätige Marienbild in Santa Maria dei Miracoli

Familie Morosini, eine der reichsten Familien Venedigs. In der Geschichte Venedigs gab es vier Dogen, die diesen Namen trugen. Siehst du ihr Wappen hier über dem Eingang zum Innenhof?«. Auf einem Marmorrelief über dem Torbogen war ein Wappen mit einem Helm und einem Schild eingemeißelt. »Der Helm und das Schild erinnern an die Geschichte eines jungen Ritters. Der Ritter kam aus dem Heiligen Land nach Venedig und hatte in der Scheide seines Schwertes einen Splitter des Kreuzes, an dem Jesus starb, versteckt. Diese sehr wertvolle Reliquie wollte der Ritter als Geschenk in den Kölner Dom bringen. In Venedig wurde er von einem adeligen Kaufmann, den er auf der Rückreise kennen lernte, zu sich nach Hause eingeladen. Die Venezianer behaupten, dass der Händler aus der Familie Morosini stammte. Im Palast der Morosini lebte die schöne Schwester des Händlers. Der Ritter verliebte sich prompt in sie. Statt nach Köln weiterzureisen, beschloss er, doch noch einige Tage länger in Venedig zu bleiben.« – »Und wenn sie nicht gestorben sind, dann leben sie noch heute«, unterbrach Pollino ungeduldig seine Schwester.

»Warte, denn jetzt kommt's: Die Schwester des Händlers war gar nicht seine Schwester, sondern seine Geliebte. Und als der Ritter schließlich aufbrechen wollte, war sein Schwert mit der Reliquie spurlos verschwunden. Die Morosini hatten sich damit aus dem Staub gemacht und waren längst aus Venedig geflüchtet. Der Geist des Ritters soll noch viele Jahre danach jede Nacht in diesem Hof umhergeirrt sein. Mit fürchterlichem Geheul beklagte er sich darüber, was man ihm angetan hatte.« Pollino lauschte den Worten seiner Schwester immer aufmerksamer. »Das ging so lange, bis die Venezianer endlich eine leere Rüstung, ein Schild und einen Helm in diesem Hof fanden. Mit einem Mal war der Spuk zu Ende! Zur Erinnerung an diese Ereignisse hat man den Morosini das Wappen mit dem Helm und dem Schild verpasst.«

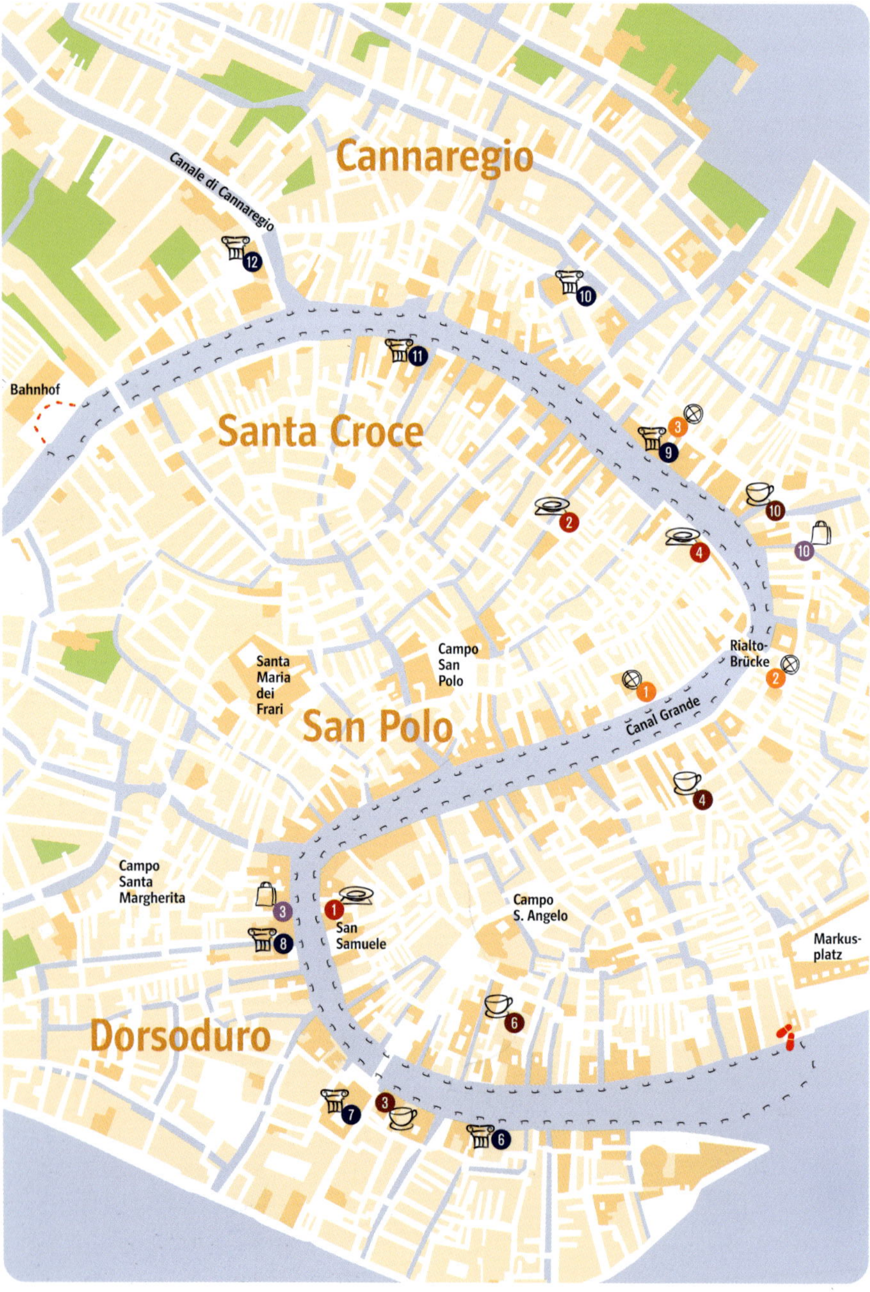

Übersichtsplan: Canal Grande

Der Canal Grande – Eine Fahrt durch die schönste Straße der Welt

Vaporetto-Verbindungen: Den Canal Grande hinauf und hinunter fahren die Linien »1« und »82«. Mit der Linie »82« kommt ihr zwar schneller vorwärts, aber für unseren Rundgang sind die »Vaporetti« der Linie »1« besser geeignet. Da sie fast alle Haltestellen anfahren, bleibt euch viel Zeit, die wunderschönen Paläste und Brücken in aller Ruhe anzusehen. Fahrzeit hin und zurück: etwa 90 Minuten.

Das rechte Ufer – Vom Markusplatz zum Bahnhof

»Beeil dich, Pollina! Sonst schnappen sie uns die guten Plätze weg!«, rief Pollino. Er drängte sich durch eine Gruppe von Touristen, die das Vaporetto der Linie »1« bestiegen. Pollina stand noch an der Anlegestelle »San Marco Giardinetti« und wartete mehr oder weniger geduldig, bis sie an der Reihe war. Als endlich auch Pollina das Vaporetto betrat, hatte ihr Bruder bereits einen Fensterplatz erobert. »Von hier hat man die beste Aussicht auf den Canal Grande und seine Paläste«, sagte Pollino, als seine Schwester sich neben ihn auf die Holzbank setzte.

Auch für euch lohnt es sich, einen guten Aussichtsplatz an Deck oder einen Platz am Fenster im Innern des Vaporetto zu ergattern. Dann könnt ihr die Paläste des **Canal Grande**, die so viele Geschichten erzählen, genau ansehen. Wie der Name schon sagt, ist der Canal Grande der größte und tiefste Kanal Venedigs. Er ist fast 4 km lang und bis zu 5 m tief. Wie ein spiegelverkehrtes »S« schlängelt sich die Wasserstraße mitten durch die Stadt. Aber eigentlich ist der Canal Grande gar kein Kanal, sondern der letzte Abschnitt des Flusses Brenta, bevor sich dieser ins Meer ergießt. Wenn ihr genau hinseht, könnt ihr das daran erkennen, dass das Wasser des Canal Grande fließt und nicht steht, wie bei den anderen Kanälen Venedigs.

Für viele ist der »Canal Grande« die »schönste Straße der Welt«. An seinen Ufern haben die Venezianer ihre prachtvollsten Paläste errichtet. Etwa 200 Palazzi mit reich verzierten Fassaden reihen sich hier eng aneinander. In Venedig sagt man deshalb auch gern »Canalazzo« zum »Canal Grande«: ein Wort, das sich aus »Canale« (= Kanal) und Palazzo (= Palast) ergibt. Leider verfallen viele Prunkpaläste mit der Zeit. Der Putz bröckelt von den Wänden und von einst leuchtenden Fresken, die sich sogar an den Außenwänden befanden, ist fast nichts mehr zu sehen. Hinzu kommt, dass das aufgewühlte Wasser und die Algen die Holz-Fundamente der Paläste angreifen. Das brachte einige Palazzi in eine bedrohliche Schieflage. Teilweise hat es den Anschein, als ob sie jeden Augenblick ins Wasser kippen würden.

In der Vergangenheit war der »Canal Grande« die wichtigste Handelsstraße in Venedig, auf der die Waren der Kaufleute und Händler transportiert wurden. Hier standen die größten Handels- und Speicherhäuser der Stadt. Große Schiffe durften den »Canal Grande« jedoch nicht befahren. Die Waren mussten auf Lastkähne, so genannte Barken, umgeladen werden. Auch der wichtigste Markt Venedigs, der Rialto-Markt, befand sich nahe am »Canal Grande«.

Auf dem »Canal Grande« herrscht immer reger Verkehr: Vaporetti, Wassertaxis und Gondeln kreuzen den Weg, ab und zu sieht man den Briefträger in seinem roten Motorboot, oder die Polizei rauscht mit heulenden Sirenen vorbei. Schwer bela-

Die Paläste am Canal Grande zeugen vom Reichtum der venezianischen Patrizierfamilien.

Übersichtsplan: Canal Grande – Das rechte Ufer

dene Boote bringen frisches Obst und Gemüse, und breite Frachtkähne liefern den Hotels saubere Wäsche. Auf dem Kanal gibt es Verkehrsregeln und Geschwindigkeitsbegrenzungen, die von der Polizei streng kontrolliert werden. Niemand darf zum Beispiel schneller als 10 km/h fahren, ausgenommen natürlich Sanitäter, Feuerwehr und Polizei, aber auch Vaporetti dürfen etwas schneller fahren.

Pollino war so begeistert von dem Hin und Her der vielen Boote und Gondeln, dass er den Fensterplatz seiner Schwester freiwillig überließ. Ihn interessierte die Kanalseite jetzt weitaus mehr als die Paläste. Auf der Höhe des ***Palazzo Contarini-Fasan*** (1) *zupfte Pollina ihren Bruder am Arm und sagte: »Das da ist der kleinste Palast am Canal Grande. In jedem Stockwerk gibt es nur Platz für ein einziges Zimmer.« »Und wer wohnt darin? – Zwerge?«*

»Kennst du das Theaterstück ›Othello‹ von Shakespeare?«, fragte Pollina, ohne auf Pollinos Albernheiten einzugehen. »In dem Stück geht es darum, dass ein dunkelhäutiger Prinz namens Othello seine Frau Desdemona aus Eifersucht umbringt. Die wirkliche Desdemona soll in diesem Palast getötet worden sein. Allerdings nicht von Othello, sondern von ihrem tatsächlichen Ehemann, dem venezianischen General Nicolò Contarini. Der hatte eine so dunkle Hautfarbe, dass die Venezianer ihn als ›Mohren‹ bezeichneten. Shakespeare erfuhr von der Geschichte und machte aus dem Mord und seinen Hintergründen ein Theaterstück über Othello, den ›Mohr von Venedig‹.«

Wie der Palazzo Contarini-Fasan sind fast alle Paläste nach ihren Besitzern benannt. Über Jahrhunderte haben die Abkömmlinge der reichen venezianischen Adelsgeschlechter immer dieselben Familienpaläste bewohnt. Das trifft auch für den **Palazzo Corner** zu, den die Einwohner wegen seiner Größe auch als »Cà Grande« (»Großes Haus») bezeichnen. Zwanzig Jahre lang war an ihm gebaut worden, bis im Jahr 1557 sein Besitzer Jacopo Cornaro endlich in den Palazzo einziehen konnte. Die Familie Cornaro, oder, venezianisch, auch Corner, wurde durch den Handel mit Seide reich. Noch heute befinden sich in diesem Palast die Büros einer Stoff-Firma.

Der schmale Palazzo Contarini-Fasan gegenüber der Kirche Santa Maria della Salute

In einer Lücke der Palastreihe tut sich der **Campo San Samuele** auf. Dieser kleine Platz war bei Künstlern sehr beliebt: Tizian hatte hier am Campo seine Malerwerkstatt, und der Maler Paolo Veronese lebte nicht weit von San Samuele. In der nahen »Calle delle Botteghe« steht das Haus der deutschen Schuhmacher, die unter den Handwerkern Venedigs sehr angesehen waren. Wie so viele Ausländer ließen sich zwischen dem 13. und 15. Jahrhundert auch zahlreiche Deutsche in der Lagunenstadt nieder. Sie arbeiteten als Schuhmacher, Schreiner oder auch Bäcker. Im Jahr 1433 eröffneten deutsche Bäcker Läden in der »Calle dei Tedeschi«, der »Gasse der Deutschen«, die nur wenige Gassen vom »Campo San Samuele« entfernt liegt.

»Zu diesem Palast kann diesmal ich eine Geschichte erzählen«, betonte Pollino. »Das ist der ***Palazzo Contarini delle Figure****. Da drin treiben Geister ihr Unwesen«, flüsterte Pollino geheimnisvoll. »Der Besitzer*

des Palastes liebte die Kunst über alles. Sein ganzes Vermögen gab er für Gemälde und Statuen aus. Und als er pleite war, hatte er immer noch nicht genug: Er lieh sich Geld, um noch mehr Kunstwerke zu kaufen. Nach seinem Tod hinterließ er einen riesigen Schuldenberg. Die, die ihm etwas geliehen hatten, heulten ihrem verlorenen Geld hinterher. Die Venezianer behaupten, dass ihr Geschrei immer noch in den Räumen des Palastes zu hören sei«, endete Pollino.

Jede Kunstepoche hat eigene Fensterformen hervorgebracht.

Die Paläste mit spitz zulaufenden Bogenfenstern stammen aus der Gotik.

»Apropos leihen«, erwiderte Pollina, »ich habe dir gestern doch 2 Euro für ein Eis geliehen …« »Ja, schon gut, du bekommst sie ja wieder. Und pass auf, dass du nicht zum Schreckgespenst wirst!» Hätte ich nur die Geschichte nicht erzählt!, ärgerte sich Pollino.

Der nächste Palazzo besteht eigentlich aus vier Palästen, die zu einem Gebäudekomplex zusammengefügt wurden. Deshalb heißt der Bau auch **Palazzi Mocenigo**, 5 Mocenigo-Paläste. Die Adelsfamilie Mocenigo zählte so viele Mitglieder, dass ihnen ein einziger Palast nicht ausreichte. Die Mocenigos waren eine sehr berühmte venezianische Familie. Sie stellten insgesamt sieben Dogen, die Venedig Ruhm und Ehre einbrachten – bis auf einen. Das schwarze Schaf der Familie war Alvise Mocenigo. Er lieferte den Mönch und Philosophen Giordano Bruno an die Kirche in Rom aus. Die Kirchenfürsten beschuldigten Bruno der Ketzerei, und im Jahr 1600 wurde er auf einem Scheiterhaufen in Rom verbrannt. Das Verhalten von Alvise Mocenigo war in der Tat niederträchtig, denn Giordano Bruno war ein Freund der Familie und lange Zeit ein gern gesehener Gast in ihrem Haus gewesen. Übrigens: Seit dem Verrat des Alvise Mocenigo soll es auch in diesem Palast spuken!

Noch heute soll man das Wimmern derjenigen, die dem kunstverliebten Besitzer des Palazzo Contarini delle Figure Geld geliehen hatten, hören.

»Da vorne ist ein Renaissance-Palast«, sagte Pollina und deutete auf den ***Palazzo Corner-Spinelli****. »Woran willst du das erkennen?«, fragte Pollino neugierig. »Ganz einfach. Sieh dir nur die Form der Fenster an: Das sind Rundbogen-Fenster, und die Form des Palazzo ist ganz gleichmäßig – er ist also im Renaissance-Stil erbaut. Bei gotischen Palästen würden die Bögen zu einer Spitze zusammenlaufen. Übrigens gehörte auch dieser Palazzo der reichen Familie Corner und heißt Palazzo Corner-Spinelli.« »Und weshalb der Name Spinelli?», wollte Pollino wissen. »Na ja, die Familie Corner besaß mehrere Paläste, und für ihre zahlreichen Häuser haben sie anscheinend etwas zu viel Geld ausgegeben. Sie mussten diesen Palazzo an die Familie Spinelli verkaufen, die wie sie mit Seide handelte.«*

Die Rialto-Brücke

Ihr nähert euch nun der **Rialto-Brücke**. In Venedig gibt es insgesamt etwa 400 Brücken, aber über den Canal Grande führen nur drei: die Accademia-Brücke, unter der ihr bereits durchgefahren seid; die Scalzi-Brücke, der ihr noch begegnen werdet; und die Rialto-Brücke. Die Rialto-Brücke ist die berühmteste aller venezianischen Brücken.

»Um die Rialto-Brücke zu bauen, benutzte man 12.000 Baumstämme!«, sagte Pollino, als sie unter dem Brückenbogen durchfuhren. »Auf jeder Seite wurden 6000 Stück in den Boden gerammt, um der Brücke festen Halt zu geben.« Pollino baute selbst gerne Brücken. Als Baumaterial benutzte er alles Mögliche: Spielkarten, Streichhölzer, selbst seine Schulbücher. Aber nachdem ihm seine Brücken immer wieder eingestürzt waren, hatte er sich in der Bibliothek ein Buch besorgt, in dem Bautechniken von Brücken beschrieben waren. So wusste er jetzt genau Bescheid über Holz-, Stein- und Zugbrücken – so auch über die Rialto-Brücke. »In der Vergangenheit war es gar nicht einfach, eine Brücke mit einem so großen Bogen zu bauen«, meinte er. »Deshalb war die Rialto-Brücke auch bis zum 19. Jahrhundert die einzige Brücke über den Canal Grande. Immerhin spannt sich der Brückenbogen 23 Meter weit und 7 Meter hoch über den Kanal. Damit wurde der Flussverkehr durch keinen Stützpfeiler behindert.«

Lange Zeit die einzige Brücke über den Canal Grande – die Rialto-Brücke.

Die Venezianer versuchten seit dem 12. Jahrhundert, eine stabile Brücke über den Canal Grande zu errichten. Die erste Rialto-Brücke war eigentlich keine Brücke, sondern nur eine Reihe miteinander verknüpfter Boote. Die Einwohner Venedigs mussten von einem Boot zum anderen hüpfen, um an das andere Ufer zu gelangen - und dafür noch eine Mautgebühr entrichten! Im Jahr 1264 wurde eine Zugbrücke aus Holz gebaut. Die hatte den Vorteil, dass sie geöffnet werden konnte, damit Lastkähne mit Mast durchfahren konnten. Nachdem Anfang des 15. Jahrhunderts die Zugbrücke teilweise eingestürzt war, entstand 1458 eine dritte Holzbrücke. Auf dieser Brücke gab es nun auch Geschäfte und Läden. Bis zum Jahr 1524 - dann brach sie in sich zusammen.

Langsam verloren die Regierungsmitglieder die Geduld. Es musste doch möglich

Ein Ausschnitt aus dem Gemälde »Das Wunder der Kreuzreliquie an der Rialto-Brücke« von Vittore Carpaccio. Hier ist noch die alte Rialto-Brücke aus Holz zu sehen.

sein, eine Brücke zu bauen, die nicht einstürzt! Sie schrieben einen Wettbewerb aus, und die berühmtesten Architekten machten Entwürfe und Vorschläge. Angeblich soll auch der große römische Baumeister Michelangelo einen Plan geschickt haben. Schließlich gab man Antonio da Ponte den Auftrag. Und dieser wählte endlich ein stabileres Baumaterial zum Bau der Rialto-Brücke, nämlich Stein.

In drei Jahren wurde die Rialto-Brücke aus weißem Marmor errichtet. 1591 war sie fertig und wurde sofort eingeweiht. In die Brückenmauer hat man die Taube des heiligen Geistes eingemeißelt, auch Reliefs mit Abbildungen des heiligen Markus sowie der heiligen Maria sind zu sehen. Damit erbaten die Venezianer göttlichen Schutz, um nicht wieder vor einem Trümmerhaufen zu stehen. Bis heute hat die Rialto-Brücke die Jahrhunderte unbeschädigt überdauert.

Das Handelshaus der Deutschen

Gleich hinter der Rialto-Brücke erkennt ihr ein großes Gebäude, den **Fondaco dei Tedeschi**. Der Name »Fondaco« oder auch »Fontego« weist euch darauf hin, zu welchem Zweck der Palast diente. »Fondaco« ist vom arabischen Wort »funduq« abgeleitet. Mit diesem Begriff bezeichnete man im Orient Lagerhaus und Unterkunft von Händlern. Genau dazu war auch der »Fondaco dei Tedeschi« bestimmt: er war die Handelsniederlassung der deutschen Händler, die in Venedig Geschäfte tätigten. Hier konnten sie die Waren, die sie mitbrachten, wie zum Beispiel Metalle, Holz, Getreide, Leder, Stoffe und Pelze, gegen venezianische Glas- und Seidenwaren oder auch Gewürze und Wein tauschen. Gleichzeitig diente er den Kaufleuten auch als Unterkunft.

Die Venezianer stellten allerdings strenge Regeln auf. Die deutschen Händler durften nur im »Fondaco« ihre Waren lagern und anbieten. Ihnen war es auch nicht erlaubt, anderswo eine Herberge zu suchen. Damit wollten die Venezianer vermeiden, dass ihnen die Deutschen gute Geschäfte wegschnappten. Außerdem konnten sie auf diese Weise ihre ausländischen Gäste besser kontrollieren. Später gab es in Venedig noch einen weiteren »Fondaco«, in dem türkische Händler Geschäfte abschließen konnten: Den »Fondaco dei Turchi«, das »Handelshaus der Türken«, werdet ihr später noch sehen. Auch dieser »Fondaco« steht am Canal Grande.
Durch große Tore konnten die Händler und Kaufleute ihre Waren von den Booten in die Lagerräume des Fondaco dei Tedeschi schaffen. Im ersten Stock befanden sich die Büros und Wohnräume, und in den Etagen darüber waren das Esszimmer sowie weitere Wohnräume.

Der erste »Fondaco dei Tedeschi« wurde im Jahr 1228 errichtet. Unter den Gästen, die das »Handelshaus der Deutschen« im Lauf der Zeit beherbergte, waren auch der junge Kaufmann Jakob Fugger aus Augsburg und der Nürnberger Maler Albrecht Dürer. Für Fugger war Venedig eine hervorragende »Handelsschule«. Was er hier lernte, verhalf ihm und seiner Familie in Deutschland zu großem Wohlstand. Albrecht Dürer musste als Deutscher ebenfalls im »Fondaco« wohnen, aber meist hielt er sich in den Malerwerkstätten seiner venezianischen Kolle-

Der »Fondaco dei Tedeschi«. Den Innenhof umgeben drei Stockwerke. Früher waren hier Geschäfts-, Wohn- und Schlafräume. Heute ist darin die Post untergebracht.

gen auf. 1505 zerstörte ein Großfeuer das Handelshaus der Deutschen. Man behauptete, dass bei dem Feuer die Räume voller Gold steckten. Der Verlust sei größer gewesen als die gesamten Reichtümer Antwerpens zusammengenommen. Und Antwerpen war damals eine der wohlhabendsten Städte in Europa!

Den Venezianern war bewusst, wie gut am Handel gerade mit den deutschen Gästen zu verdienen war, und deshalb bauten sie so schnell wie möglich einen neuen »Fondaco dei Tedeschi«. Bereits drei Jahre nach dem Brand war der Neubau errichtet, noch größer und schöner als sein Vorgänger. Jetzt standen den deutschen Kaufleuten 160 Räume, darunter 80 Schlafzimmer, zur Verfügung. Farbige Fresken schmückten die Fassaden. Berühmte Maler wie Tizian und Giorgione haben sie angefertigt, doch mittlerweile ist leider nichts mehr davon zu sehen. Fünf große Tore zum Canal Grande hin erleichterten den Händlern den Zugang zum Gebäude.

Die Cà d'Oro: Das »Goldene Haus«

»Cà d'Oro« – Das »Goldene Haus«

Weiter geht es zum nächsten Palast. Selten ist die Bezeichnung »Goldenes Haus« so treffend wie bei der **Cà d'Oro**, dem (9) vielleicht berühmtesten Patrizierpalast Venedigs. Der Palazzo ist tatsächlich ein Schmuckstück. Alles an ihm ist leicht, verspielt und zierlich: die Balkone und Spitzbogenfenster, die Dekoration mit verschlungenen Blättern und Fabelwesen und der vielfarbige Marmor, der die Hauswand bedeckt. Dabei war die »Cà d'Oro« früher noch schöner als heute. Die Fassade leuchtete in kräftigen Farben: Blau, Rot und vor allem Gold, denn die Besitzer hatten Teile der Fassade mit Blattgold überziehen lassen. Daher kommt wohl auch der Name »Goldenes Haus«. Aber das Gold ist mittlerweile ebenso verblasst wie die Fresken, mit denen berühmte Künstler die Außenwände des Palastes bemalt hatten.

Wenn euch die »Cà d'Oro« wie ein orientalisches Märchenhaus erscheint, kommt das nicht von ungefähr. Früher stand an dieser Stelle ein Palast, der im byzantinischen Baustil errichtet war. Als venezianische Architekten und Bildhauer im 15. Jahrhundert die »Cà d'Oro« bauten, haben sie die orientalische Bauweise des alten Palastes zum Teil übernommen. Im Jahr 1440 wurde der Prachtbau seinem Besitzer Marino Contarini übergeben. Contarini konnte sich die »Cà d'Oro« als reicher venezianischer Adeliger und Staatsbeamter leisten. 1895 zog der Baron Giorgio Franchetti in den Palast. Er war ein großer Kunstliebhaber und Gründer einer bedeutenden Kunstsammlung, der »Galleria Giorgio Franchetti«. Wer möchte, kann diese Sammlung von Gemälden und Skulpturen in der »Cà d'Oro« bewundern.

Pollina entdeckte auf einem Balkon der »Cà d'Oro« den Kopf eines steinernen Löwen. Sie holte schnell den Fotoapparat aus ihrem Rucksack und guckte durch den Sucher. Doch der Löwe war zu weit weg, um ihn fotografieren zu können. »Den wirst du so nicht aufs Bild kriegen. Da musst du schon näher ran!«, hörte sie eine Stimme hinter sich. Eine ältere Dame, die im Mittelgang des Vaporetto stand, trat an Pollino und Pollina heran. Sie blickte freundlich aus ihrem sonnengebräunten Gesicht.

Caterina

»Ich stehe schon eine Weile neben euch und habe mitbekommen, was ihr alles über Venedig wisst. Complimenti! Touristen, die sich nicht nur für den Markusplatz und die Rialto-Brücke interessieren, würde ich in Venedig gern öfters sehen. Darf ich mich zu euch setzen?«, fragte sie. Pollino und Pollina hatten natürlich nichts gegen eine so sympathische Nachbarin. »Übrigens: Ich heiße Caterina Corner, aber nennt mich einfach Caterina. Ich bin eine echte Venezianerin, also nicht etwa aus Mestre oder vom Lido. Geboren wurde ich im Jahr 1454.« Pollino und Pollina blickten sich verwundert an. Vielleicht hatten sie sich verhört. »1454 haben Sie gesagt?,« fragte Pollino zögernd. »Ja, genau. Damals sah der Canal Grande eigentlich nicht viel anders aus als heute. Die ›Cà d'Oro‹ stand schon, auch der ›Fondaco dei Tedeschi‹ und die meisten anderen Paläste.

Meine Familie, die Familie Corner, war eine alte venezianische Adelsfamilie. Mein Vater sagte immer, die Corner gab es bereits, als Venedig noch gar nicht existierte. Wir waren sehr wohlhabend und wohnten in einem Palast am Canal Grande. Die Familie Corner, oder man nennt sie auch Cornaro, besaß Ländereien auf mehreren Inseln im Mittelmeer, besonders große auf Zypern. Dort bauten wir Zuckerrohr an.

Mit dem Salz- und Zuckerhandel hat mein Vater das meiste Geld verdient. Ich glaube, es war nicht leicht für ihn, die Geschäfte in so weit entfernten Ländern zu überwachen. Manchmal hörte ich, wie er sich gegenüber meiner Mutter über die Bediensteten auf Zypern beschwerte.

Wie schon gesagt, wir wohnten in einem Palazzo, der war so groß, dass meine Eltern, Brüder und Schwestern, und auch mein Onkel, meine Tante und meine Cousins darin Platz fanden. Der große Empfangssaal, der so genannte »portego«, war das Prunkstück unseres Palazzo. Mein Großvater hatte früher in dem Raum seine Handelsware ausgestellt und Geschäfte abgeschlossen. Aber Papa wollte, dass der ›portego‹ zu einem schönen Saal umgebaut werde, um den Besuchern einen Eindruck vom Reichtum der Familie zu geben. Aber denkt jetzt nur nicht, dass wir verschwenderisch mit dem Geld umgingen. Im Gegenteil: Meine Eltern waren sogar sehr sparsam! Einmal habe ich ein Gespräch belauscht, in dem Gäste meinen Vater als Geizhals bezeichneten. Aber wenn es darum ging, unseren Familienpalast auszuschmücken oder eine noch schickere Gondel zu kaufen, scheute mein Vater keine Ausgaben.

Ich hatte eine glückliche Kindheit. Mit meinen vielen Kameraden spielte ich im Palast oder im Garten des Innenhofs. In unserem Palazzo konnte man sich wirklich toll verstecken! Selbst die Wohnungen des Dienstpersonals im Dachgeschoss konnten wir benutzen. Im Winter wurde es dort aber eng, denn dann hielt sich die ganze Familie mit den Bediensteten in den Dachwohnungen auf. In den Zimmern im ersten Stock war es zu kalt und feucht. Die Räume unter dem Dach hatten eine niedrigere Decke und konnten daher besser beheizt werden. Nur mein Vater wollte seine Wohnung aus Stolz nicht verlassen und trotzte, in dicke Stoffdecken gehüllt, der Kälte.

Ich genoss, wie es sich für ein Mädchen aus adeligem Haus gehörte, Privatunterricht. ›Maßvoll essen und trinken, höflich schweigen und zurückhaltend lachen‹ – mit diesen Worten begann meine erste Unterrichtsstunde, und danach hatte ich mich stets zu richten. Zweimal in der Woche begleitete ich meine größeren Schwestern ins Kloster. Dort konnte ich zugucken, wie ihnen die Nonnen beibrachten, Tischdecken und Kopftücher zu besticken. Mein großer Bruder durfte mit 16 Jahren die Universität Padua besuchen, eine Stadt in der Nähe von Venedig, und wurde im Reiten, Fechten und Tanzen unterrichtet. Mädchen blieb eine solche Ausbildung verwehrt. Als ich heranwuchs, langweilte ich mich schrecklich. Ich musste zuhause im Palast bleiben – tagein, tagaus derselbe Trott. Bis sich plötzlich mein Leben vollkommen änderte.

König Jakob von Zypern wollte mich heiraten! Ja, stellt euch nur vor: ich sollte Königin werden. Ich war gerade mal 14 Jahre alt! Im Jahr 1468 fragte König Jakob bei meinem Onkel Andrea Corner an, ob er mich zur Frau haben könne. Mein Onkel war einer der engsten Berater von König Jakob II., meinem zukünftigen Ehegatten. Allerdings muss ich sagen, dass es früher ganz andere Gründe für eine Hochzeit gab als heute. Es war ein Vertrag, eine Art Geschäft zwischen zwei mächtigen Familien. Meiner Familie ging es darum, möglichst erfolgreiche Geschäfte auf Zypern zu machen, und König Jakob waren Geld und vor allem politische Unterstützung durch das mächtige Venedig wichtig. Im Jahr 1472 war es dann endlich so weit: Jakob und ich heirateten in der Kathedrale von Famagusta auf Zypern.

Ich liebte meinem Mann, und schon bald erwartete ich ein Kind. Doch noch vor der Geburt starb der König, gerade erst 33 Jahre alt. Ich war plötzlich Witwe – und Königin von Zypern! Wenige Wochen danach bekam ich mein Kind, das aber kurz nach der Geburt ebenfalls starb. Das Schicksal meinte es nicht gut mit mir in dieser Zeit! Als Königin von Zypern musste die Regierung in Venedig mit mir verhandeln. Ich schien ihnen wohl zu jung und nicht ganz vertrauenswürdig, denn bald umgaben sie mich mit venezianischen Beratern.

Nach 17 Jahren, genauer gesagt im Jahr 1489, verließ ich die Insel für immer und kehrte nach Venedig zurück. In der Markuskirche übergab ich feierlich mein Königreich Zypern an den

Dogen. Als Gegenleistung bekam ich einen wunderschönen Palast am Canal Grande, den heutigen Palazzo Corner della Regina, und ein Stück Land geschenkt, das Fürstentum Asolo. Das war von nun an meine neue Heimat. Mein ehemaliges Königreich habe ich seitdem nie wieder gesehen.«

Caterina war am Ende ihrer langen Erzählung angelangt. Sie erhob sich von ihrem Platz und sagte: »So, hier muss ich aussteigen. Dort ist der Palazzo Corner della Regina. Mal sehen, was sich so alles verändert hat.« Das Vaporetto stieß an die Anlegestation ›Cà Tron‹. »Hat mich sehr gefreut, euch kennen zu lernen. Und noch viel Spaß in Venedig! Übrigens: In den Geschichtsbüchern steht, ich wäre im Jahr 1510 gestorben, also schon längst tot. Na ja, wie ihr seht, bin ich für eine Tote noch recht lebendig. Oder seid ihr etwa einem Geist begegnet?« Caterina lächelte, winkte Pollino und Pollina zum Abschied und verschwand kurz darauf in der Menschentraube am Ausstieg. Das Vaporetto setzte sich bereits wieder in Bewegung. Wo war Caterina? Am Ufer war sie nicht zu sehen! Pollino und Pollina sahen auch im Boot nach ihr - von Caterina keine Spur!

Auf dem Gemälde »Das Wunder des Kreuzes an der Brücke von San Lorenzo« von Gentile Bellini ist Caterina mit den Frauen ihres Hofstaats abgebildet

Ihr nähert euch jetzt der Endstation der ersten Etappe der Canal-Grande-Rundfahrt, dem Bahnhof Santa Lucia. An der Haltestelle »Ferrovia« (das heißt »Bahnhof«) könnt ihr umsteigen und mit einem Vaporetto der Linie 1 den Kanal wieder hinunterfahren. Es lohnt sich aber auch ein kurzer Abstecher zu Fuß zum **Palazzo Labia**. (10) In dem Palast gibt es einen wunderschönen Ballsaal, der mit Fresken von Giovanni Battista Tiepolo ausgemalt ist. Ein Mann namens Francesco Labia hat den Palast im 17. Jahrhundert gekauft und darin aufwändige Festessen veranstaltet. Die Venezianer misstrauten Labia, der nicht aus Venedig, sondern aus Florenz stammte. Er machte einen äußerst verschwenderischen Eindruck, und dies war in Venedig nicht gern gesehen.

Aber dieser Labia war ein richtiger Schelm. Bei seinen Festen durften die Gäste das teuere Gold- und Silberbesteck aus dem Fenster in den Kanal werfen. »Ob ich's habe oder nicht, stets werde ich ein Labia bleiben», prahlte er vor denen, die ihn darauf ansprachen. Doch die wenigsten wussten von seinem Trick: Er ließ im Kanal unter Wasser ein Netz aufspannen, mit dem das Besteck aufgefangen wurde.

Das linke Ufer: Vom Bahnhof zum Markusplatz

»Schau mal, die Brücke der Barfüßigen!«, rief Pollino und deutete nach vorne. Jetzt saß er wieder auf dem Fensterplatz. Pollino war erstaunt, wie nah die Paläste des Canal Grande am Vaporetto vorbeizogen. Und auch die Brücke, unter der sie jetzt hindurchfuhren, schien, als könnte man sie mit den Händen berühren. »›Scalzi‹ heißt übersetzt ›die Barfüßigen‹, und das da ist die ***Scalzi-Brücke****. Eigentlich müsste man* 1 *den Leuten verbieten, mit Schuhen über die Brücke zu laufen«, bemerkte Pollino. Pollina gefiel die Idee, denn nichts mochte sie lieber als barfuß gehen. »Den witzigen Namen hat die Brücke, weil es hier in der Nähe die Scalzi-Kirche gibt. Diese Kirche wurde von den Karmelitern erbaut. Die Mönche dieses Ordens trugen Sandalen ohne Strümpfe. Für die Venezianer, die immer sehr streng darauf achteten, standesgemäß elegant gekleidet zu sein, war das wie barfuß«, sagte Pollino.*

Dem nächsten berühmten Bauwerk, dem ihr begegnet, ist der **Fondaco dei Turchi**. 2 Was ein Fondaco ist, habt ihr ja bereits beim Handelshaus der Deutschen erfahren. Den türkischen Händlern wurde allerdings viel später als ihren deutschen Kollegen gestattet, in einem großen Haus in Venedig Geschäfte zu machen und zu wohnen. Erst im Jahr 1621 übergab die venezianische Regierung den »Fondaco« den türkischen Kaufleuten. Die Türkei war Handelspartner, aber in der Geschichte auch Rivale und Feind Venedigs gewesen, und so betrachteten die Venezianer die türkischen Händler durchaus mit Argwohn. Wie die deutschen, mussten auch die türkischen Kaufleute bei ihrer Ankunft alle Waffen abgeben und durften nur in ihrem »Fondaco« übernachten.

Mit der Zeit verdienten sich die türkischen Händler den Respekt der Venezianer und wurden geschätzte Geschäftspartner. Der »Fondaco« wurde von den Türken umgebaut und vergrößert. Sie bauten neue Bäder, Geschäfts- und Schlafräume. Sogar eine Moschee, in der sie beten und ihrem moslemischen Glauben nachgehen konnten, wurde eingerichtet. Als das türkische Großreich zusammenbrach, konnten sich immer weniger Händler aus der Türkei die teuere Schifffahrt nach Venedig leisten. Der »Fondaco dei Turchi« wurde nicht mehr gebraucht und verkam im 19. Jahrhundert zur Ruine. Erst vor kurzem wurde das riesige Gebäude innen wie außen restauriert. Mittlerweile ist hier ein Natur-geschichtliches Museum untergebracht.

Übersichtsplan: Canal Grande – Das linke Ufer

Die **Cà Pesaro** ist der größte Palast am Canal Grande. Obwohl sein Besitzer Giovanni Pesaro nur ein Jahr Doge war, ließ er sich diesen Prachtbau errichten. Die Fassade wurde von Baldassare Longhena, einem berühmten Baumeister des Barock *(s. Begriffserklärungen)*, entworfen. Als dieser mit den Arbeiten begann, war er bereits 80 Jahre alt. Er konnte den Bau nicht beenden. Auch nach seinem Tod blieb der Palast lange Zeit eine Baustelle, bis er schließlich im 18. Jahrhundert fertig gestellt werden konnte.

Das Vaporetto fuhr nun wieder am Palazzo ***Corner della Regina*** *vorbei. Pollino und Pollina hielten Ausschau, ob sie Caterina an einem der Fenster entdecken könnten. Aber die meisten Fensterläden waren zugeklappt, und ansonsten schien darin alles* *dunkel. Wie bei vielen Palästen am Canal Grande hatten die Geschwister den Eindruck, dass in dem Gebäude schon seit langer Zeit kein Mensch mehr wohnte. Das Boot tuckerte unter der Rialto-Brücke hindurch und näherte sich nun der »Volta«, das ist die Stelle, wo der Canal Grande flussabwärts einen großen Bogen macht (»Volta« bedeutet »Biegung«).*

»Das da ist die **Cà Foscari***. Heute ist* 5 *die Universität in dem Gebäude, aber früher gehörte der Palast der Familie Foscari«, sagte Pollina. »Bestimmt hat Caterina auch diese Familie gekannt, denn der Palast wurde im 15. Jahrhundert errichtet. Der Doge Francesco Foscari hat den Bau in Auftrag gegeben. Von allen Dogen in Venedig war er am längsten im Amt, nämlich 34 Jahre lang. Aber die Familie Foscari musste schwere Zeiten durchstehen. Jacopo Foscari, der Sohn des Dogen, wurde des Mordes angeklagt. Die Geheimpolizei verhaftete ihn und brachte Jacopo vor den ›Rat der Zehn‹. Der junge Foscari wurde schließlich gefoltert und aus der Stadt verbannt. Und weißt du, wer beim ›Rat der Zehn‹ mit dabei war?«, fragte Pollina. »Sein eigener Vater!« Pollino blieb sprachlos. Mein Vater hätte mir bestimmt geholfen!, dachte er. »Aber dem Dogen selbst ging es auch nicht besser«, fuhr Pollina fort. »Er wurde angeklagt, sein Amt missbraucht zu haben, und trat schließlich im Jahr 1457 zurück. Du weißt ja, dass ein Doge nur so lange im Dogenpalast wohnen durfte, wie er im Amt war. Der 84-jährige Francesco Foscari musste also mit seinen Möbeln und allem, was er sonst noch hatte, in seinen Familienpalast umziehen. Doch die ›Cà Foscari‹ war zu der Zeit noch nicht fertig gebaut. Es fehlten sogar noch Fenster und Türen. Die Venezianer kannten jedoch keine Gnade und ließen den ehemaligen Dogen nicht in den Dogenpalast zurück. Noch im selbem Jahr starb Francesco Foscari. Man sagt, aus Enttäuschung über seine undankbare Heimatstadt.«*

Auch die Besitzer des folgenden Palastes hatten es nicht leicht mit dem Bau ihres

Cà Pesaro

Der Palast Cà Rezzonico

Palazzo. Von der dreigeschossigen **Cà Rezzonico** gehörte der Familie Rezzonico eigentlich nur der erste Stock. Die Rezzonicos waren Bankiers und stammten aus Como und Genua. Aus der Familie ging sogar ein Papst hervor. Die Rezzonicos kauften den gerade im Bau befindlichen Palast im Jahr 1712. Sie wollten aus der **Cà Rezzonico** den schönsten Palazzo am Canal Grande machen. Die Innenräume wurden mit Fresken und Gemälden von den berühmtesten Künstlern geschmückt und die Fassade mit Säulen, kleinen Terrassen und Skulpturen verziert. Das kostete eine Menge Geld, und als gerade mal der erste Stock der Cà Rezzonico fertig gestellt war, war die Familie bankrott. Die Bauten an der Cà Rezzonico konnten schließlich im Jahr 1756 beendet werden. Wer sehen möchte, in welchem Luxus eine venezianische Adelsfamilie im 18. Jahrhundert wohnte, sollte das »Museo del Settecento Veneziano« besuchen, das in der Cà Rezzonico untergebracht ist. Die Innenausstattung stammt aus dem 18. Jahrhundert.

Ihr fahrt nun unter der **Accademia-Brücke** hindurch, die als letzte der drei Brücken über den Canal Grande errichtet wurde. Das geschah erst im 20. Jahrhundert, um den vielen Touristen, die Tag für Tag in das »Accademia-Museum« strömen, den Weg zu erleichtern. Die einfache Brücke aus Holz sollte eigentlich durch eine schönere ersetzt werden, aber bis jetzt ist den Venezianern nichts Besseres eingefallen.

»Der Palazzo dort wird aber bald umfallen«, sagte Pollina und deutete auf den ***Palazzo Dario****. Die rechte Hälfte des kleinen Palastes ist stark abgesackt und das ganze Gebäude steht gefährlich schief am Canal Grande. »Daran sind bestimmt die Gespenster Schuld, die in dem Palast umherschwirren«, antwortete Pollino. »Die Venezianer behaupten, der Palazzo Dario wäre verhext. Das Schicksal meinte es nicht gut mit den Besitzern. Es gab sogar welche, die umgebracht wurden. Ein Diamantenhändler zum Beispiel hat den Palast gekauft, und nur wenig spä-*

Santa Maria della Salute: Sie wird von den Venezianern kurz »Salute-Kirche« genannt.

ter ging er bankrott. Und der letzte Besitzer, ein sehr reicher Mann, beging Selbstmord.« Pollina sah sich den »Geister-Palazzo« näher an, aber alles sah ruhig und friedlich aus. Wäre schade, wenn der hübsche Palast ins Wasser fiele!, dachte sich Pollina.

Der Palazzo Dario wurde im Jahr 1487 errichtet und war eines der ersten Bauwerke in Venedig, das im Stil der Renaissance *(s. Begriffserklärungen)* entstand.

Die Fassade ist verziert mit Platten aus vielfarbigem Marmor und schwarzem Porphyr-Stein.

An der nächsten Haltestelle »Salute« wollten Pollino und Pollina aussteigen, damit sie die Kirche ***Santa Maria della Salute*** 9 *auch von innen betrachten konnten. Je näher sie an die Kirche heranfuhren,* *desto riesiger erschien den Geschwistern das Bauwerk. »Kaum zu glauben, dass auf Baumstämmen ein so gigantisches Gebäude errichtet werden kann«, meinte Pollino. »Früher behauptete man, die Kirche stehe auf genau 1.156.657 Eichen, Erlen und Lärchen. Aber, ob das stimmt, wird mittlerweile angezweifelt. Denn Wissenschaftler haben errechnet, dass eigentlich ›nur‹ etwa 100.000 Pfähle unter der Baufläche Platz hätten.«*

Im Jahr 1630 starben fast 50.000 Venezianer an der Pest, und die Lage in der Stadt schien aussichtslos. Rettung versprach nach Meinung der Regierung nur noch tiefster religiöser Glaube. Die Venezianer beteten zur Gottesmutter Maria. Sollte die Seuche aufhören, würden sie der heiligen Maria eine wunderschöne Kirche errichten, versprachen der Doge und der venezianische Senat. Ein Jahr danach war die Seuche besiegt. Sogleich begann man mit dem Bau der Kirche Santa Maria della Salute (»Heilige Maria des Heils«). Zum Bauherrn wurde der 34-jährige Architekt Baldassare Longhena bestimmt. Er wollte der Schutzpatronin zu Ehren ein »jungfräuliches Werk, seltsam und schön« schaffen.

Und tatsächlich ist der achteckige Bau einzigartig in Venedig. Hinter der mit 14 Statuen geschmückten Hauptfassade von »Santa Maria della Salute« ragt die riesige Kuppel empor. Die Kuppel ist 60 Meter hoch und hat einen Durchmesser von 25 Metern. Um sie herum sind weitere Kuppeln mit zahlreichen Marmorstatuen angeordnet. Im Innenraum der Kirche stehen acht mächtige Pfeiler, die die große Kuppel stützen. Links und rechts befinden sich je drei Seitenkapellen. Auf dem Fußboden von »Santa Maria della Salute« ist mit einer bronzenen Plakette die Stelle markiert, von der man alle Altäre der Kapellen sehen kann. Unter der Plakette liegt eine Münze, die zur Einweihung des Bauwerks im Jahr 1631 gestanzt wurde.

Pollino und Pollina standen vor dem Hochaltar der Kirche und bewunderten die Skulpturengruppe von Juste Le Court. Der französische Künstler hat die heilige Maria und die junge Venezia dargestellt. Venezia liegt der Mutter Gottes zu Füßen und bittet sie um Erlösung von der Pest. »Siehst du die Hexe rechts neben Maria?«, fragte Pollina. »Das ist die Pest. Sie wird gerade von einem Engel vertrieben.» »Iiih, ist die hässlich!«, meinte Pollino. »Ja, daher wohl auch

Die Skulpturen-Gruppe wurde von Juste Le Court, einem französischen Künstler des Barock, geschaffen.

das venezianische Sprichwort: ›Du bist so hässlich wie die Pest!‹«

Der Hochaltar der Kirche Santa Maria della Salute besitzt auch eine sehr schöne Ikone *(s. Begriffserklärungen)*. Sie wurde im 13. Jahrhundert im Orient hergestellt und vom Dogen Morosini im Jahr 1672 nach Venedig geholt. Die Venezianer haben ihr den Titel »Schwarze Madonna« verliehen. Während des Salute-Festes am 21. November wird sie mit Silber und Edelsteinen geschmückt. In der Sakristei könnt ihr Gemälde von Tintoretto und Tizian betrachten. Von Tizian sind insgesamt 13 Bilder ausgestellt, darunter das schöne Altarbild, das den Schutzheiligen Venedigs, den heiligen Markus, auf einem Thron zeigt.

Wenn ihr den Canal Grande bis zur äußersten Spitze des rechten Ufers entlanggeht, erreicht ihr die Zollstation **Dogana da Mar**. 10 Die großen Handelsschiffe mussten seit dem 17. Jahrhundert an der »Dogana da Mar«, dem Seezollamt, ankern. Ihre Ware wurde hier umgeladen in kleinere Lastkähne, die die Kanäle der Stadt befahren konnten. Es gab auch eine Zollstation für Waren, die Venedig über den Landweg erreichten. Sie befand sich in der Nähe des Rialto-Marktes und hieß »Dogana di Terra«, also Land-Zollamt. Die »Dogana da Mar« wurde zwischen 1672 und 1682 errichtet. Vorher befand sich an dieser Stelle eine mittelalterliche Befestigungsanlage. Die Venezianer spannten jede Nacht eine 70 Meter lange Eisenkette von hier zum gegenüberliegenden Ufer. Damit war der Zugang zum Canal Grande für Schiffe verschlossen.
Die »Dogana da Mar« ist bis heute Venedigs Zollstation. Nur die Lagerhallen werden mittlerweile für andere Zwecke genutzt. Wo früher bis zu 45.000 Tonnen Salz gelagert wurden, finden jetzt Kunst-Ausstellungen statt. Wer sich für Rudersport interessiert, kann in diesen Hallen den berühmten venezianischen Ruderklub »Bucintoro« besuchen. In der »Sala delle Vittorie«, dem »Siegessaal», sind Olympiamedaillen, Pokale und viele Fotos aus der 100-jährigen Vereinsgeschichte ausgestellt.

Pollino und Pollina fuhren nun mit dem Vaporetto weiter auf dem Canal Grande und näherten sich bereist dem Markusplatz. Die »Dogana da Mar« entfernte sich mehr und mehr. »Irgendwie sieht die Zollstation aus wie ein Schiff, findest du

Die Dogana da Mar ist seit dem 15. Jahrhundert die Zollstation für Menschen und Güter, die über das Meer nach Venedig kommen.

nicht?«, bemerkte Pollino. »Ja, und die Statue der Glücksgöttin Fortuna auf dem Eckturm zeigt dem Schiff an, aus welcher Richtung der Wind weht. Sie schwebt über einer goldenen Erdkugel und dreht sich je nach Windrichtung.« »So, wie die da auf einem Bein balanciert, sieht das ziemlich gefährlich aus. Bei stärkerem Wind fällt die doch herunter!«, meinte Pollino. »Ist das etwa gefährlich?«, erwiderte Pollina und ahmte die Haltung der Göttin Fortuna nach. Als Ballett-Ratte war das für sie kein Problem. »Jetzt habe ich sogar eine Glücksgöttin als Schwester«, schmunzelte Pollino.

Übersichtsplan: Rialto

Rialto – Das alte Venedig

Vaporetto-Verbindungen: Ausgangspunkt dieses Rundgangs ist der Rialto-Markt. Von der Piazzale Roma oder vom Bahnhof bringen euch die Vaporetti der Linien »1« und »82« zur Haltestelle »Rialto«. Dieselben Linien müsst ihr benützen, wenn ihr vom Markusplatz kommt. An der »Rialto«-Haltstelle steigt ihr aus, überquert die berühmte Rialto-Brücke – und schon kann's losgehen!

Silvano

Pollina und Pollino wussten gar nicht, wo sie sich hinstellen sollten. Wie jeden Vormittag herrschte auf dem ***Rialto-Markt*** *ein unaufhörliches Geschiebe und Gedränge. Und irgendwie standen sie allen im Weg: Hausfrauen mit dicken Einkaufstaschen drückten sich an ihnen vorbei, die Verkäufer an den Obst- und Gemüseständen gaben den beiden zu verstehen, zur Seite zu gehen, und hinter den beiden rief aufgeregt ein Lieferant, der mit seinem Handkarren voller Kisten feststeckte.*

Pollino zog seine Schwester in einen schmalen Gang zwischen zwei Obstständen. Genau in diesem Augenblick bog ein Junge mit einer großen weißen Plastikkiste um die Ecke. Der Junge prallte mit Pollino und Pollina zusammen, und in hohem Bogen flog aus seiner Kiste ein Fisch durch die Luft. Mit lautem Klatschen landete der Fisch auf einem Berg Orangen, den ein Obstverkäufer akkurat aufgeschichtet hatte. Pollino und Pollina blickten verdutzt auf den Jungen, der Junge auf den Verkäufer und der Verkäufer auf den Fisch. Dann gab es kein Halten mehr: Alle vier lachten lauthals los. Der Junge schaffte es gerade noch, seine Kiste abzustellen. Bis zum Rand war sie gefüllt mit Meeresgetier aller Arten: Fische, Langusten, Krabben,

Krebse, Tintenfische und Muscheln lagen auf- und nebeneinander. »Das war der Flug des Jahrhunderts!«, kicherte der Junge, während er den »fliegenden« Fisch aufhob und ihn zurück in die Kiste warf. Auf dem Kopf trug der Junge eine rote Mütze, die hell in der Sonne leuchtete. »Ich bin Silvano. Tut mir Leid, dass ich euch übersehen hab. Ich war gerade auf dem Weg zur ›Pescheria‹, dem Fischmarkt. Dort hat mein Vater einen Stand. Ihr seid sicher auf Besuch hier, oder? Ist es euer erster Aufenthalt in Venedig?« Pollino und Pollina nickten. »Ich hätte euch gern die Sehenswürdigkeiten unseres Rialto-Viertels gezeigt«, sagte Silvano einladend. »Nur, leider hab ich noch zu tun. Aber treffen wir uns doch später am ›Ponte dei Pugni‹. Ich bringe meinen Bruder Remo mit. Er ist Gondelbauer und kann euch eine Menge über Venedig erzählen. Abgemacht?« Pollino und Pollina waren sofort einverstanden. »Toll, ich bin gespannt, was Silvano und sein Bruder so alles erzählen!«, sagte Pollina, als sie dem Jungen hinterherschaute. Ihr Bruder war mit seinen Gedanken bereits in einer Gondelwerkstatt und dabei, die schickste Gondel von ganz Venedig zu bauen.

Ihr befindet euch nun in **Rialto**, dem ältesten Stadtviertel von Venedig. Hier wurden im 9. Jahrhundert die ersten Holzhütten der Stadt errichtet. Rialto bestand, wie der Rest Venedigs, aus vielen kleinen Laguneninseln. Da die Ufer dieser Inseln höher lagen als die umliegenden Sandbänke, gab man der Insel-Gruppe den lateinischen Namen »Rivus Altus«, also »hohes Ufer«. Und daraus wurde dann das Wort »Rialto«.

Seit etwa 1000 Jahren findet hier der größte Markt in Venedig statt, und es hat sich – wie ihr jederzeit feststellen könnt – an der Hektik, dem Geschrei und dem Durcheinander seitdem nur wenig geändert. Einst priesen auf dem Platz Händler aus Florenz und Mailand wertvolle Stoffe wie Seide und Brokat an; auch holländische Wolle oder kostbare Perlen, Porzellan und Gewürze aus Arabien wurden hier feilgeboten. Sogar Sklaven aus der Region des Schwarzen Meeres gab es zu ersteigern.

Auch heute ist das Angebot auf dem Rialto-Markt kunterbunt: Obst, Gemüse, Fleisch und Fisch, aber auch Kleidung und Souvenirs – wobei Trikots mit den Namen berühmter Fußballspieler und allerlei Tiere aus Glas am meisten hervorstechen. Übrigens: Wenn früher ein Händler ein schweres Verbrechen beging, wurde ihm von der venezianischen Regierung verboten, seine Waren auf dem Rialto-Markt zu verkaufen. Das war das Schlimmste, was ihm widerfahren konnte, sein Geschäft war damit ruiniert.

Der Platz, auf dem ihr steht, ist nach der Kirche **San Giacomo di Rialto** benannt: »Campo di San Giacomo di Rialto«. Sie ist Venedigs älteste Kirche. Für die Venezianer ist diese Kirche gemeinsam mit Venedig auf die Welt gekommen. Manche behaupten sogar, noch früher, im Jahr 421. Ihr heutiges Aussehen bekam die Kirche im 12. Jahrhundert. Unter der Vorhalle trafen sich früher Händler, um ihre Geschäfte abzuwickeln. Wie sie das machen mussten, ist auf einer Inschrift im Innern der Kirche nachzulesen. »Ehrlich sein, genau wiegen und den Vertrag erfüllen«, steht da auf Lateinisch eingemeißelt.

Seht ihr die Uhr an der Kirche San Giacomo? Seit 1410 befindet sich die Uhr an der Fassade, und seitdem funktioniert sie nicht richtig!

Am Rialto-Markt gibt es noch mehr Sonderbares. Gegenüber der Kirche, auf der anderen Seite des Platzes, findet ihr die Statue eines Mannes. Das ist der **Gobbo di Rialto**, der »Bucklige« von Rialto. Die Statue wurde im 16. Jahrhundert angefertigt und stellt einen Lastenträger dar. Die Steintreppe auf

Übersichtsplan: Rialto

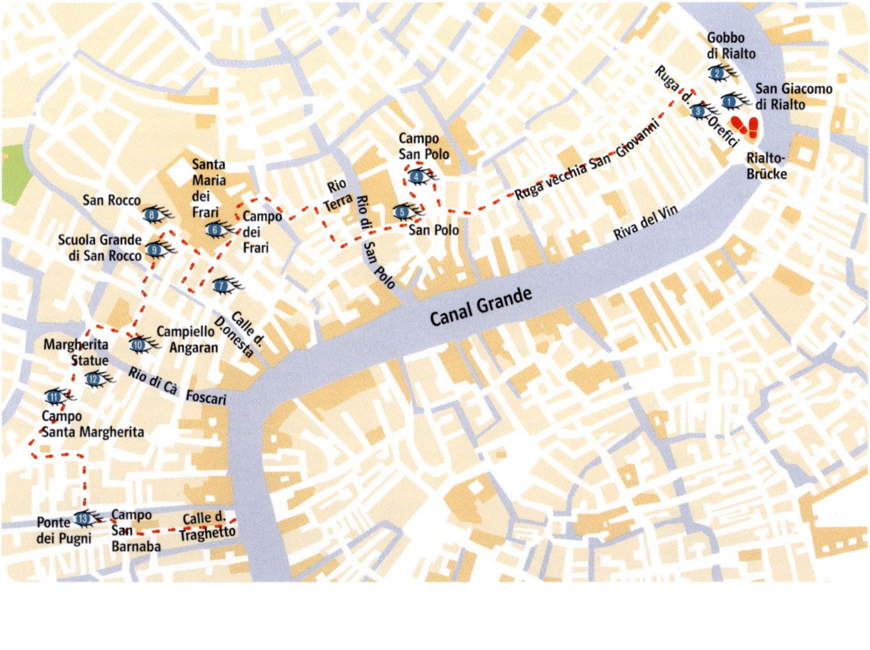

seinem Rücken führt zu einem Podest, von dem aus früher amtliche Verlautbarungen, neue Gesetze und Gerichtsurteile verkündet wurden. Manchmal bezahlten die Händler auch Botenjungen, damit diese ihnen die neuesten Nachrichten über Politik und Wirtschaft aus dem Dogenpalast besorgten. Als sie zurückkamen, stellten sie sich auf den »Buckligen« und berichteten von dem, was sie in Erfahrung bringen konnten.

Am meisten wurde der »Bucklige« von kleinen Straftätern geliebt. Und das aus einem traurigen Grund. Die venezianische Republik hatte sich für geringe Vergehen folgende Strafe ausgedacht: Die Missetäter mussten mit nacktem Oberkörper vom Markusplatz bis zum Rialto-Platz Spießruten laufen. Entlang des Weges standen links und rechts Venezianer, die auf die Verurteilten einprügelten. Als diese endlich beim »Buckligen« ankamen, waren sie so froh, das Ganze überstanden zu haben, dass sie ihn umarmten.

Das Stadtviertel Rialto

Die **Ruga degli Orefici**, die Gasse der Goldschmiede, ist eine der wichtigsten Gassen in Rialto. Bereits seit dem 14. Jahrhundert befinden sich hier die Geschäfte und Werkstätten der venezianischen Juweliere, Diamantenhändler und Uhrmacher. In Venedig verraten euch die Straßennamen oft, was sich in der Gasse früher einmal tat. Beispiele findet ihr gleich in der Nähe: An der »Fondamenta del Vin«, dem »Kai des Weines«, wurden Weinfässer abgeladen; an der »Riva del Ferro« (»Eisen-Ufer«) lieferten deutsche Kaufleute Eisen an; und an der »Riva del Carbon«, dem »Kohle-Ufer«, entluden die Venezianer einst Kohle von den Lastkähnen.

Der Weg führt euch nun durch eine Reihe schmaler Gassen mit vielen Geschäften. Wer Lust hat, kann hier tolle Masken, schön verziertes Marmorpapier, handgearbeitete Puppen oder Glaskunst aus Murano kaufen. Die Besitzer der Läden sind sehr freundlich, und einige von ihnen lassen sich gern bei der Arbeit zuschauen. Besonders faszinierend ist es, die Hersteller der in ganz Europa berühmten venezianischen Masken zu besuchen. Die Masken-Macher

Der »Gobbo di Rialto« – der »Bucklige von Rialto«

San Giacomo di Rialto – die älteste Kirche Venedigs

Lebhaftes Treiben herrscht in den Gassen von Rialto. Der Markt und die zahlreichen Geschäfte locken eine Menge Touristen in dieses Stadtviertel.

benutzen meist einen Kopf aus Ton, von dem sie eine Gipsmaske herstellen. Diese Maske wird dann mit Papiermaché beschichtet. Nachdem das Papiermaché getrocknet ist, hat die Maske schon ihren typischen, porzellanartigen Glanz. Schließlich werden die Augen ausgeschnitten, und dann folgt die Bemalung.

Es gibt Masken mit Schnurrbart und riesiger Hakennase, welche mit dicker Knollennase oder mit schwarzem Schnauzbart. Andere sehen aus wie der Kopf eines Vogels, sind komplett weiß oder bedecken nur die Hälfte des Gesichts. Außerdem gibt es noch Sonnen-Masken, Pinocchio-Masken mit extra langer Nase, Katzen-Masken und Masken von Märchenfiguren.

*Pollino und Pollina erreichten den Campo San Polo, einen der größten Plätze in Venedig. »In der Vergangenheit war der ›**Campo San Polo**‹ von Zeit zu Zeit eine Arena, in der grausame Tierhatzen stattfanden«, sagte Pollino. »Die Venezianer ließen Hunde auf angekettete Bären oder Stiere los. Wenn die Tiere von dem ungleichen Kampf völlig erschöpft oder verwundet waren, wurden sie getötet. Auf dem Platz wurden während des Karnevals sogar Ritterturniere und große Maskenbälle veranstaltet.«*

Pollina dachte an die armen Tiere, die von den Venezianern so grausam gequält wurden. Als sie an der Mauer des **Glockenturms der Kirche San Polo** *vorbeiging, zuckte sie plötzlich zusammen. Zwei besonders grimmig dreinblickende Marmorlöwen starrten sie an. Der eine hielt eine Schlange in seiner Tatze, und der andere einen menschlichen Kopf. »Die Venezianer behaupten, der Kopf gehöre einem Dogen, der Hochverrat begangen hatte«, meinte Pollino. »Als Strafe sei sein Kopf nun für immer im Besitz des Löwen, so dass der Doge niemals in den Himmel gelangen könne.« »Mir wäre lieber, der Kopf unter dem Löwen gehörte demjenigen, der sich Tierhatzen ausdachte!«, zürnte Pollina.*

Hält der Löwe den Kopf eines Dogen gefangen? Davon sind zumindest die Venezianer überzeugt.

Die Frari-Kirche heißt mit vollem Namen Santa Maria Gloriosa dei Frari. Die Kirche gehört dem Franziskanerorden.

Die Frari-Kirche

Nicht weit vom »Campo San Polo« entfernt, befindet sich die **Frari-Kirche**. Mit vollständigem Namen heißt die Kirche **Santa Maria Gloriosa dei Frari**, aber die Venezianer nennen sie einfach »Basilica dei Frari« *(für »Basilika« s. Begriffserklärungen)*. Die Kirche wurde dem Orden der Franziskaner *(s. Begriffserklärungen)* gestiftet. Die Venezianer nannten die Franziskaner-Mönche kurz »Frari», und so war es nahe liegend, auch der Kirche diesen Namen zu geben. Nach Venedig kamen die Franziskaner im Jahr 1230. Sie lebten zunächst von Almosen und übernachteten unter den Vorhallen der Kirchen.

Im 13. Jahrhundert schenkte der Doge Jacopo Tiepolo den Franziskanern wie auch dem Orden der Dominikaner *(s. Begriffserklärungen)* große Grundstücke für eigene Kirchen. Die Dominikaner begannen 1250 mit dem Bau ihrer Basilika Santi Giovanni e Paolo. Erst etliche Jahre später, im Jahr 1330, legten die Franziskaner den Grundstein für ihre Frari-Kirche. In den folgenden 100 Jahren beobachteten die Venezianer gespannt, wer denn nun von beiden letztlich die größere Kirche errichten würde. Am Ende »siegten« die Dominikaner. Die Franziskaner hielten aber dagegen und errichteten den zweithöchsten Glockenturm Venedigs. Der 83 Meter hohe Frari-Turm wird nur vom Campanile auf dem Markusplatz überragt.

Mitte des 15. Jahrhunderts war die »Basilica dei Frari« fertig gestellt. Der Bau war sowohl außen als auch innen einfach und schmucklos. Die Mitglieder des Franziskaner-Ordens leben bewusst in Armut, und daher wollten die venezianischen Mönche dieses Ordens keine allzu prunkvolle Kirche. Aber sie hatten nichts dagegen, als reiche Adelsfamilien und Bürger ihre Kirche ausschmückten. Zahlreiche wertvolle Kunstwerke im Innern der Basilika sind Spenden wohlhabender Patrizierfamilien. Ruhmreiche Heerführer, Generäle und Dogen liegen in der Frari-Kirche begraben. Die Basilika ist darüber hinaus auch die Grabstätte von zwei großen italienischen Künstlern: dem Maler Tiziano Vercellio,

Das Grabmal des italienischen Bildhauers Antonio Canova. Er starb 1822 in Venedig.

kurz Tizian genannt, und Antonio Canova. In der Grabpyramide von Canova steckt ein Gefäß, in dem das Herz dieses bedeutenden italienischen Bildhauers aufbewahrt wird. Ein großartiger Mönchschor schmückt die Kirche. Der Chor wurde im Jahr 1468 angefertigt. Wenn ihr genau hinseht, könnt ihr erkennen, dass jeder der 124 Sitze unterschiedlich geschnitzt ist. Besonders schön ist die Rückwand des Gestühls. Sie ist mit Reliefs von Heiligen und Architektur-Ansichten verziert.

»Da liegt der Arme also begraben«, sagte Pollino und deutete auf das Grab von Francesco Foscari. Die Geschwister standen vor der Apsis der Frari-Kirche. Pollino und Pollina erinnerten sich an die traurigen Erlebnisse des Dogen, der Hals über Kopf aus dem Dogenpalast ausziehen musste.

»Dieses Grabmal hier gehört dem Dogen Nicolò Tron«, erläuterte Pollina und zeigte auf die gegenüberliegende Seite links neben dem Altar. »Weißt du, was der Adelsfamilie Tron widerfahren ist, – nein? Dann hör mal zu: Ein gewisser Piero Tron gab seine neugeborene Tochter einer armen Hebamme zum Stillen. Die Frau hatte selbst gerade eine Tochter bekommen. Sie kümmerte sich eine Zeit lang um die zwei Babys, bis der Adelige seine Tochter wieder im Elternhaus aufnahm. Als das Mädchen erwachsen war, heiratete es zur Zufriedenheit des Vaters einen reichen Edelmann. Auch die Tochter der Hebamme heiratete, und zwar einen Schuhmacher. So weit, so gut! Doch Jahre später, kurz vor ihrem Tod, gestand die alte Hebamme, dass sie die Babys vertauscht hatte. Ihre eigene Tochter war nun mit dem wohlhabenden Adeligen verheiratet, und die Tochter der Familie Tron war die Frau eines Schuhmachers.«

Das Gemälde »Mariä Himmelfahrt« stammt von Tizian.

Über dem Hochaltar der »Basilica dei Frari« hängt ein weltberühmtes Gemälde von Tizian. Es trägt den Titel »Mariä Himmelfahrt« und war das erste wichtige religiöse Bild, das dem Künstler in Auftrag gegeben wurde. Tizian hat das großformatige Bild im Jahr 1518 gemalt und damit gleich viel Aufsehen erregt. Der venezianische Maler zeigt Maria im Augenblick ihrer Himmelfahrt. Alles im Bild ist in Bewegung. Die Madonna wird von einem Wirbel von Engeln in den Himmel getragen, während sich unten im Bild die Apostel voller Überraschung über das Ereignis zusammendrängen und nach oben schauen. Eine solche Darstellung der Gottesmutter war den Auftraggebern, den Franziskaner-Mönchen, zu »modern». Besonders kritisierten sie, dass Tizian die Apostel im Vordergrund zu groß gemalt habe. Sie seien fast größer als die Gestalt der heiligen Jungfrau, klagten sie.

Doch Tizian verfolgte mit dieser Darstellungsweise eine bestimmte Absicht.
Er wollte, dass der Blick des Betrachters zuerst von den Aposteln im Vordergrund gefesselt wurde, dann von ihnen nach oben zur Marienfigur wanderte, und sich schließlich Gottvater ganz oben zuwandte. Die Venezianer, die das Gemälde sahen, waren begeistert. Und auch die Mönche der Frari-Kirche änderten schon bald ihre ablehnende Meinung und wurden große Bewunderer der Malkunst von Tizian.

Ein weiteres Werk von Tizian in der Frari-Kirche war ebenfalls ganz neuartig: die »Pesaro-Madonna». Das Gemälde ist in einem Seitenaltar der Kirche ausgestellt. Zur Überraschung aller hat der Maler die wichtigsten Personen nicht wie üblich in die Bildmitte gesetzt. Wie ihr feststellen könnt, befindet sich Maria mit dem Jesuskind im rechten Bildfeld. Dieses Gemälde aus dem Jahr 1526 wurde von der venezianischen Adelsfamilie Pesaro in Auftrag gegeben. Jacopo Pesaro führte als Bischof die päpstliche Flotte in einer Schlacht gegen die Türken an. Auf dem Bild ist er kniend unter dem Ritter mit der roten Fahne, die das Wappen des Papstes trägt, zu sehen.

*Die Geschwister verließen die Frari-Kirche und machten sich auf den Weg zum ›Campo San Rocco‹. Der liegt gleich rechts hinter der Kirche. Als Pollina in die Gasse, die zum ›Campo‹ führt, einbiegen wollte, zog sie Pollino in die andere Richtung. »Komm, ich will dir schnell noch was zeigen! Jedes Mädchen und jede Frau sollte mindestens einmal im Leben dort gewesen sein«, meinte Pollino geheimnisvoll. Er führte seine Schwester um mehrere Ecken, bis sie schließlich in einer schmalen Gasse landeten. »Das ist die ›**Calle Donna Onesta**‹, die ›Gasse der ehrlichen Frau‹. Hier soll eine besonders ›ehrbare‹ Frau gelebt haben«, witzelte Pollino. »Dazu gibt es eine treffende Geschichte», setzte er fort. Pollina erkannte den listigen Blick in den Augen ihres Bruders. »Na dann schieß' mal los!«, sagte sie und stemmte die Arme in die Hüften.*

7

»Zwei venezianische Männer gingen einst diese Gasse entlang und beklagten sich über die venezianischen Frauen. ›Ich kenne nur eine einzige wirklich anständige Frau in dieser Stadt‹, sagte der eine, ›und die ist aus Stein - siehst du sie da oben?!‹« Pollino zeigte auf den steinernen Kopf einer Frau, der sich von der Mauer eines Palazzo abhob. »Sehr komisch!« - Pollina holte zum Gegenschlag aus: »Brüderchen, kennst du den ›Sotoportego dei Cattivi Pensieri‹?« Pollino war verblüfft. »Das ist der ›Durchgang der schlechten Gedanken‹«, sagte Pollina trocken und ging Richtung Campo San Rocco davon. »He, warte, gibt's diesen Durchgang wirklich?«, rief Pollino seiner Schwester hinterher. »Klar gibt's den. Den bist du doch schon öfters gegangen.« Und sie fügte hinzu: »Du weißt doch, die Venezianer haben ihren Gassen und Durchgängen fantasievolle und aus dem Leben gegriffene Namen gegeben. Es gibt ja auch die ›Gasse der Liebe unter Freunden‹ (›Calle dell'Amor degli Amici‹) und die ›Breite Gasse der Sprichwörter‹ (›Calle Larga dei Proverbi‹).«

Die Kirche **San Rocco** ist dem heiligen Rochus geweiht. Rochus war ein französischer Arzt. Über ihn wird Folgendes erzählt. Er wurde 1296 als Sohn reicher Eltern geboren. Bereits als 20-Jähriger begab er sich auf Pilgerfahrt nach Rom. Unterwegs begann Rochus, sich der Pflege von Pestkranken zu widmen. Die Pest war im Mittelalter eine der schlimmsten Seuchen und brachte vielen Menschen in ganz Europa den Tod. Auf seiner Reise heilte Rochus Menschen, die an der Pest erkrankt waren.

8

In Norditalien steckte sich auch Rochus mit der todbringenden Pest an. Er zog sich in eine einsame Waldhütte zurück. Da erschien ein Engel, um ihn zu pflegen, und ein Hund brachte ihm jeden Tag Brot, bis Rochus geheilt war. Als er nach vielen Jahren wieder in seine Heimatstadt Montpellier zurückkehrte, war er so abgemagert, dass ihn die Menschen dort nicht wieder erkannten. Sie meinten, der Ankömmling wäre ein Spion und steckten ihn ins Gefängnis. Aber ein Verwandter von Rochus erblickte auf der Brust des Mannes das kreuzähnliche Muttermal, das Rochus von

Geburt an hatte. – Kein Zweifel, dieser Mann war Rochus!

In vielen Städten Europas beteten die Gläubigen zum heiligen Rochus, damit er sie vor der schrecklichen Pest beschütze. Zahlreiche Kirchen wurden dem »Pestheiligen« gewidmet. Auch in Venedig starben Tausende von Menschen an der Pest. Die Venezianer waren deshalb sehr froh, als es ihnen gelang, Ende des 15. Jahrhunderts die Gebeine des heiligen Rochus zu erwerben und in ihre Stadt zu bringen. Sofort begannen sie mit dem Bau der Kirche von »San Rocco«, um die Reliquien des »Pestheiligen« würdevoll ausstellen zu können. Im Jahr 1508 war »San Rocco« fertig gestellt. Seitdem werden die sterblichen Überreste des heiligen Rochus im reich geschmückten Hochaltar der Kirche aufbewahrt. Jedes Jahr am 16. August besuchte der Doge die Kirche von »San Rocco«. Dort richtete er an den »Pestheiligen« die Bitte, die Stadt von der Pest zu verschonen. Und bis heute wird in Venedig an diesem Tag das Fest des heiligen Rochus gefeiert.

Am Campo San Rocco stehen die Kirche San Rocco und die Scuola Grande di San Rocco – die »Große Schule des heiligen Rochus«.

Tintoretto und die »Scuola Grande di San Rocco« 9

Neben der Kirche »San Rocco« steht ein Gebäude, in dem Pestkranke gepflegt wurden. Fromme Bürger, Kaufleute, Ärzte und Apotheker aus Venedig kümmerten sich um die Kranken. Sie schlossen sich im Jahr 1478 zu einer Vereinigung zusammen, der so genannten **»Scuola Grande di San Rocco«** (»Große Schule des heiligen Rochus«).
Die Mitglieder der »Schulen« unterstützten sich gegenseitig, zum Beispiel wenn jemand krank wurde oder einen Unfall hatte. Sie hatten sogar Anrecht auf eine kostenlose Wohnung oder eine monatliche Rente. Die wohltätigen »Schulen« unterhielten Krankenhäuser und Pflegestationen, halfen Alten, Waisenkindern und Witwen, indem sie etwa kostenlos Lebensmit-

tel und Kleidung verteilten oder die Unterbringung im Altersheim bezahlten. Zwischen dem 15. und 18. Jahrhundert waren fast 4000 Venezianer Mitglieder von »Schulen«. Es gab 300 kleinere »Scuole« und sechs »Große Schulen« (»Große Schule« heißt auf Italienisch »Scuola Grande«). Die »Großen Schulen« hatten einen Vereinsvorstand, dem zur Seite Prokuristen, Rechnungsprüfer und Schatzmeister standen. Die Mitglieder einer »Scuola Grande« wollten so fromm und barmherzig sein wie der Schutzheilige, nach dem sie ihre »Schule« benannt hatten. Die »Großen Schulen« wurden durch Spenden, Schenkungen und Nachlässe immer reicher.

Die »Scuola Grande di San Rocco« war die größte und wohlhabendste aller »Schulen« Venedigs. Anfang des 16. Jahrhunderts beschlossen ihre Mitglieder, die Pflegestation zu einem größeren Gebäude auszubauen, wo sie auch tagen und Entscheidungen treffen konnten. Im Jahr 1560 war der Neubau fertig gestellt. Die »Scuola Grande« verfügte nun über drei Räume: Im Erdgeschoss befand sich der Saal, in dem Gäste empfangen und Hilfsbedürftige betreut wurden; im Stock darüber lag der so genannte »Große Saal«. Er war Versammlungsort für die Mitglieder. Daran angegliedert war ein kleinerer Saal, der Herbergssaal, in dem der Vereinsvorstand zusammenkam und der als Schatzkammer diente. Alle »Großen Schulen« in Venedig wurden so gebaut, und wenn ihr in Venedig eine andere »Scuola Grande« besucht, werdet ihr stets auf eine solche Raumaufteilung treffen.

Für die Ausstattung der »Scuola Grande di San Rocco« sollten die berühmtesten Künstler Venedigs sorgen. Die »Schule« schrieb deshalb im Jahr 1564 einen Wettbewerb aus, an dem sich die vier besten Maler der Stadt beteiligten. Darunter befand sich auch Tintoretto. Um seine Konkurrenten auszuschalten, dachte sich der schlaue Sohn eines Färbers einen Trick aus: Er schlich sich nachts heimlich in die »Scuola Grande« und hängte sein großformatiges Gemälde vom heiligen Rochus auf. Streng genommen war es den Künstlern nur erlaubt, kleinere Abbildungen und Skizzen anzufertigen. Doch als die Mitglieder der »Schule« am nächsten Tag das riesige Gemälde sahen, waren sie vom Können Tintorettos so begeistert, dass sie ihm sofort den Auftrag erteilten, die Räume auszuschmücken.

In den folgenden 23 Jahren malte Tintoretto für die »Scuola Grande di San Rocco« insgesamt 56 Gemälde, von denen viele an der Decke angebracht sind. Damit ihr beim Betrachten keinen steifen Hals bekommt, besorgt ihr euch am besten einen Spiegel. Davon liegen jede Menge im Museum aus,

Eintrittskarte für die Scuola Grande di San Rocco

»Die Anbetung der Hirten«, gemalt von Tintoretto

oder ihr fragt ganz einfach an der Kasse danach. »Spiegel« heißt auf Italienisch »specchio«, gesprochen: spek-jo.

In dem Raum im **Erdgeschoss** befindet sich Tintorettos »Marienzyklus«. Auf acht großformatigen Gemälden könnt ihr Szenen aus dem Leben der heiligen Maria sehen, darunter die »Verkündigung«, die »Anbetung der heiligen drei Könige«, den »Kindermord von Bethlehem« und »Mariä Himmelfahrt«. Als Tintoretto die Arbeiten an diesen Bildern beendete, war er fast 70 Jahre alt.

Über eine Treppe gelangt ihr in den **ersten Stock** der »Schule«. Im **Großen Saal** und im **Herbergssaal** sind weitere Gemälde von Tintoretto zu sehen. Der venezianische Maler hat darauf Ereignisse aus dem Alten und aus dem Neuen Testament abgebildet. An der Decke entdeckt ihr Adam und Eva; Moses, wie er Wasser aus einem Felsen hervorbrechen lässt, um das Volk der Israeliten vor dem Verdursten zu retten; den Stammvater Jakob; die Propheten Ezechiel und Elia, der Brot verteilt.

Die Wandgemälde stellen Szenen aus dem Neuen Testament dar. Besonders schön ist das Gemälde der »Anbetung der Hirten«. Der Stall von Bethlehem ist so gemalt, dass ihr beobachten könnt, was in den verschiedenen Räumen geschieht: Im unteren Teil sitzt ganz hinten ein Ochse, davor seht ihr die Hirten; auf dem Heuboden darüber umsorgen Josef und Maria das Neugeborene; und über dem Stall verkünden die Engel die frohe Botschaft von der Geburt Jesu.

Tintoretto in Holz geschnitzt über der Sitzreihe im Obergeschoss der Großen Schule von San Rocco

Pollino und Pollina standen bewundernd vor Tintorettos »Anbetung der Hirten«. »Wäre das Stalldach nicht so kaputt, könnten wir die Engel gar nicht sehen«, stellte Pollino fest. »Ja, das hat Tintoretto bestimmt absichtlich so gemalt«, erwiderte Pollina. »Um den Stall herum ist alles dunkel, nur innen ist es schön hell. Und dort, wo das kleine Jesuskind liegt, ist es am hellsten. Der Maler wollte sagen: Jesus bringt das Licht, die Erlösung, zu den Menschen.« Pollino ging zur gegenüberliegenden Seite des Saales und machte kichernd vor einem Gemälde Halt. »Das Bild hier heißt ›Versuchung‹«, rief er seiner Schwester zu. »Das musst du dir ansehen: Ein junger Teufel lockt Christus mit zwei Brötchen.« »Da hättest du bestimmt nicht widerstehen können!«, entgegnete Pollina schmunzelnd.

»Komm, ich zeig dir etwas, was nur die wenigsten kennen«, sagte sie und zog ihren Bruder mit sich. Pollina deutete auf einen Holzsitz an der Saalwand. »Siehst du die Figur dort oben? Das soll Tintoretto sein. Nachdem Tintoretto den Wettbewerb der ›Scuola Grande di San Rocco‹ gewonnen hatte, waren viele Künstler auf ihn neidisch. Einer von ihnen hat dann diese Karikatur geschnitzt.« Zum Schluss ihres Rundgangs in der »Großen Schule des heiligen Rochus« wollten Pollino und Pollina noch das Gemälde des heiligen Rochus anschauen, mit dem Tintoretto den Wettbewerb für sich entschied und seine Malerkollegen übertrumpfte. Es befindet sich an der Deckenmitte des »Herbergssaales«.

Kurz vor der Brücke über den »Kanal von Cà Foscari«, dem »Rio di Cà Foscari«, solltet ihr einen kurzen Abstecher zum **Campiello Angaran** machen. Auf diesem kleinen 10 Platz befindet sich an einer Hausfassade ein ungewöhnliches Relief aus dem 12. Jahrhundert. Vermutlich ist hier ein **byzantinischer Herrscher** dargestellt, vielleicht Isaak II. oder Leon IV. Dass die Venezianer das Relief an einem so kleinen, versteck-ten Platz anbringen ließen, zeigt, wie wenig Respekt sie im 12. Jahrhundert vor den byzantinischen Herrschern hatten.

Welcher Herrscher des Byzantinischen Reiches ist hier wohl dargestellt?

Dorsoduro

Wenn ihr den »Rio di Cà Foscari« überquert habt, befindet ihr euch im Stadtteil »Dorsoduro«. Den Namen »Harter Rücken« verdiente sich das Viertel durch seinen Untergrund, den festen Inselboden - eine Seltenheit in Venedig. Der **Campo Santa Margherita** ist der größte Platz im »Dorsoduro«. Jeden Vormittag findet hier ein kleiner Obst- und Gemüsemarkt statt, und vor dem Haus in der hinteren Hälfte des Platzes verkaufen Händler frischen Fisch. Und das seit langer Zeit: Auf einer Tafel an der Hauswand stehen Angaben, welche Größe zum Kauf angebotene Fische mindestens haben mussten, zum Beispiel: Aale mehr als 25 cm und Sardinen weniger als 7 cm.

Der Campo Santa Margherita. Hier findet ein Fischmarkt statt.

Über das Haus mit den Fisch-Markierungen erzählen sich die Venezianer unterschiedliche Geschichten. Die einen behaupten, es wäre das Wohnhaus des Henkers der Venezianischen Republik gewesen. Andere versichern, dass hier einmal der Treffpunkt von Handwerkern und Arbeitern war, die Stoffe färbten und Leder verarbeiteten. Wie auch immer: »Se non è vera, è ben trovata!«, sagen die Venezianer.

»Wenn es auch nicht stimmt, so ist es doch gut erfunden!«, übersetzte Pollina. Sie stand mit Pollino vor dem Glockenturm der ehemaligen Kirche »Santa Margherita«. Die Kirche ist mittlerweile ein Wohnhaus geworden, und auch der Turm ist schon längst kein Kirchturm mehr. In einer Nische befindet sich aber noch immer die ***Statue der heiligen Margareta****. Zu ihren Füßen kriecht ein Drache. Pollina hatte soeben ihrem Bruder die Geschichte der heiligen Margareta erzählt. Sie wurde von einem bösen Drachen angegriffen. Jeder glaubte, dass der Drache die Heilige töten würde. Aber Margareta konnte sich mit Hilfe eines Kruzifixes aus der Umklammerung des Ungeheuers befreien. Erstaunt stellte man fest, dass sie kerngesund war. Nicht eine Schramme hatte sie abbekommen. »Se non è vera, è ben trovata!«, wiederholte Pollino. »Genau!«, pflichtete ihm seine Schwester bei.*

Die heilige Margareta befreit sich unverletzt von dem Drachen.

Hier flogen die Fäuste. Auf der Ponte dei Pugni gaben Fußmarkierungen vor, wie sich die Kämpfer aufstellen mussten.

»Brücke der Fäuste«: Ponte dei Pugni 13

Pollino und Pollina folgten den Hinweisschildern zur Vaporetto-Station »Cà Rezzonico« und näherten sich dem Ponte dei Pugni. Schon von weitem erkannten sie Silvano an seiner roten Mütze. Er stand neben einem anderen Jungen und beobachtete, was sich im Kanal »Rio San Barnabà« tat. Auf dem Wasser schaukelte nur ein mit Obst und Gemüse beladenes Boot. Silvano wollte gerade in einen Apfel beißen, als er Pollino und Pollina auf sich zukommen sah. »Ihr seid tatsächlich gekommen, super!«, rief er freudestrahlend. »Das ist mein Bruder Remo, der Gondel-Experte.« »Mach mal langsam«, sagte Remo und begrüßte grinsend Pollino und Pollina. Er war etwas größer als Silvano und hatte das ganze Gesicht voller Sommersprossen. Wie der Zwillingsbruder von Pippi Langstrumpf!, dachte Pollina.

»Ich gehe bei einem Gondelbauer in die Lehre, und bis zum Experten ist es noch lange hin, ich…« »Pollino und Pollina entdecken gerade Venedig«, fiel Silvano seinem Bruder ins Wort. »Ach wirklich? Dann interessiert euch sicher, warum die Brücke, auf der wir stehen, ›Brücke der Fäuste‹ heißt«, sagte Remo. »Auf dem ›Ponte dei

Ein schwimmender Obst- und Gemüsemarkt

In den Anfangszeiten dieses seltsamen Wettstreits kämpften immer nur zwei Gegner miteinander, aber später liefen auf der Brücke richtige Massenschlägereien ab. Die Kämpfe wurden mit der Zeit immer brutaler, mit vielen Verletzten und sogar Toten. Die venezianische Regierung hat im Jahr 1705 schließlich alle Faustkämpfe auf dem ›Ponte dei Pugni‹ verboten. Seitdem wird hier nicht mehr geboxt – zumindest nicht offiziell«, sagte Remo und zwinkerte dabei seinem Bruder zu.

Pugni‹ fanden nämlich über Jahrhunderte die wildesten Faustkämpfe von Venedig statt. Seht ihr die Fußabdrücke aus Marmor auf dem Boden? So mussten sich die Boxer am Beginn des Kampfes hinstellen. Dann ging's los, bis einer es schaffte, den anderen ins Wasser zu stoßen. Wer reinfiel, hatte verloren!

Wenn auf dem »Ponte dei Pugni« gekämpft wurde, war hier richtig was los. Die Leute standen auf den Dächern und Balkonen der umliegenden Häuser und feuerten die Boxer an. Es gab sogar welche, die warfen Steine oder Stühle oder schütteten Eimer voll Wasser auf den Gegner, nur um ihren ›Lieblingskämpfer‹ siegen zu sehen.

»Gab es eigentlich einen Grund, warum sich die Leute prügelten?«, wollte Pollina wissen. »Ja, denn wisst ihr, an diesen Faustkämpfen beteiligten sich immer zwei rivalisierende Banden: die der ›Castellani‹ und die der ›Nicolotti‹. Die ›Castellani‹ wohnten in den Stadtvierteln Castello, San Marco und Dorsoduro. Ihre Kennzeichen waren eine rote Mütze und ein roter Gürtel. Die ›Nicolotti‹ dagegen stammten eigentlich ganz aus dem Norden des Dorsoduro, nämlich aus der Umgebung der Kirche San Nicolò dei Mendicoli. Die Stadtteile San Polo, Cannaregio und Santa Croce standen überwiegend auf ihrer Seite. Die Nicoletti trugen eine schwarze Mütze und einen schwarzen Gürtel. Angefangen hat es mit den Kämpfen im 14. Jahrhundert, als einer der ›Nicolotti‹ einen Bischof aus Castello ermordete. Seitdem wollen sich die Castellani an den Nicolotti rächen.«

»Was heißt hier ›wollen sich rächen‹? Die Kämpfe sind doch schon längst vorbei und verboten, oder?«, bemerkte Pollina. »Na ja, ab und zu gibt es hier schon noch kleinere Auseinandersetzungen zwischen Castellani und Nicolotti. Nicht wahr, Silvano?«, antwortete Remo. Silvano nahm seine rote Mütze ab und versuchte, sie hinter seinem Rücken zu verbergen. Pollino begriff sofort, dass es die Bande der ›Castellani‹ noch immer gab, und dass Silvano zu ihnen gehörte. Und anscheinend auch Remo, denn an seinem Hosenbund erkannte man einen roten Gürtel. Für Pollina war das alles uninteressanter Jungenkram. Sie hatte noch nie verstehen können, was so toll an Prügeleien war. Aber Pollino hätte es schon gereizt, Mitglied bei den ›Castellani‹ zu werden.

»Kann ich dich mal in der Gondelwerkstatt besuchen?«, fragte er Remo. »Klar, komm morgen in den ›Squero di San Trovaso‹. Ist gar nicht weit von hier. Am besten am Vormittag, dann kannst du von Anfang an genau beobachten, wie eine Gondel gebaut wird.« Pollino und Pollina verabschiedeten sich von ihren venezianischen Freunden und gingen zur Vaporetto-Anlegestelle. »Schwesterchen, ich darf beim Gondelbauen zuschauen«, schwärmte Pollino. »Ohne mich,« entgegnete Pollina, »morgen kommt mich Barbara besuchen.« »Ihr, mit eurer Sammlung von Markuslöwen«, meckerte Pollino, »willst du etwa so einen komischen Löwen mit einer echten venezianischen Gondel vergleichen?« Pollina gab auf. Sie wusste nur zu genau – wenn es um Schiffe und Boote ging, war ihr Bruder nicht mehr umzustimmen.

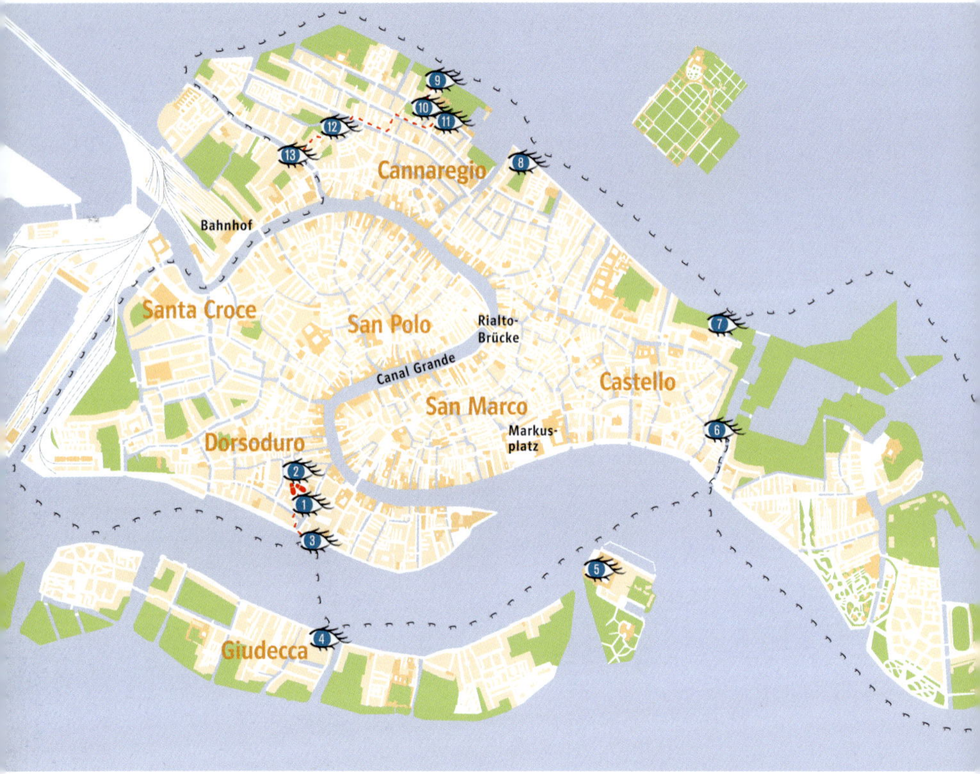

Übersichtsplan:
Die kleine Insel-Tour
rund um Venedig

Die kleine Insel-Tour: Rund um Venedig

Vaporetto-Verbindungen: Leider gibt es keine Vaporetto-Linie, die Venedig auf direktem Weg umfährt. Für unsere kleine Insel-Tour müsst ihr einige Male umsteigen und auch die Linien wechseln. Mit einer Tageskarte seid ihr bestens ausgerüstet, so müsst ihr nicht für jede Vaporetto-Fahrt eine neue Fahrkarte lösen. Bei der kleinen Insel-Tour ist mit einer Fahrzeit von etwa 80 Minuten zu rechnen (ohne Zwischen-Stopps und Aufenthalte).

Remo und die Gondelbauer

»Uno, due, tre!« – Remo und zwei erwachsene Gondelbauer packten das Gondelskelett und versuchten, es hochzustemmen. Aber nur wenige Millimeter hob sich der lange, fast 350 kg schwere hölzerne Körper, der mit dem Rumpf nach oben auf Holzböcken lag. »He, wartet, da müssen schon mehr Leute ran, sonst wird das nichts!«, rief Signor Luigi, der in diesem Augenblick die Gondelwerkstatt betrat. Signor Luigi war in dem kleinen Betrieb der Gondelbau-Meister. Pollino stand in einer Ecke auf einem dicken Teppich aus Holzspänen und beobachtete das Geschehen. Remo machte ihm ein Zeichen, dass er mithelfen solle. Jetzt standen sie alle an der Gondel, Signor Luigi, seine zwei Gehilfen, Remo und Pollino. Auf Kommando stemmten sie das Holzskelett hoch, und – schwupps – war das Gondelgerippe umgedreht.

»So, das wäre geschafft!«, keuchte Remo und wischte sich den Schweiß von der Stirn. »Jetzt geht's an die Feinarbeit«, sagte er und begann, mit einem Hobel die Holzlatten zu glätten. »Siehst du, jedes Teil der Gondel ist nummeriert. Um eine Gondel zu bauen, braucht man insgesamt 280 Holzstücke. Alle Stücke sind handgemacht. Sie werden über dem Feuer gebogen. Das Wichtigste beim Bau der Gon-

del ist die Hauptachse. Sie ist nicht symmetrisch. Die rechte Seite der Gondel ist etwas kürzer, sodass die Gondel stets nach rechts hängt. Das muss so sein, damit die Gondel geradeaus fahren kann. Der Gondoliere steht nämlich etwas nach links versetzt, und sein Gewicht gleicht die vorhandene Neigung wieder aus.«

Das ist also das Geheimnis, dachte Pollino. Er hatte sich immer gewundert, wie leicht die Gondolieri es schafften, mit ihrer Gondel Slalom durch die anderen Boote zu fahren. Einmal hatte er sogar gesehen, wie eine Gondel in einem schmalen Kanal in null Komma nichts umdrehte. »Die wichtigsten Bauteile einer Gondel sind die ›forcola‹ und der ›ferro‹. Die ›forcola‹ ist die Rudergabel. Es gibt acht Positionen, wie die Rudergabel auf der ›forcola‹ aufliegt. So kann die Gondel in verschiedene Richtungen gelenkt werden.« »Wie das Lenkrad beim Auto«, meinte Pollino. »Ja, so ungefähr. Und das hier ist der ›ferro‹, sagte Remo und deutete auf ein Stück Eisen mit sieben Zacken. Er wird vorne, am Bug, befestigt und sorgt dafür, dass die Gondel stabil bleibt. Die Kurve an der oberen Spitze hat die Form der Dogenmütze.« »Und was sollen die sieben Zacken bedeuten?«, wollte Pollino wissen.

»Jeder Zacken steht für einen der sechs Stadtteile Venedigs«, antwortete Remo. »Und der siebte ist die Giudecca-Insel», brummte eine Stimme hinter den beiden Jungen. Pollino und Remo drehten sich um, und ein Mann mit blauen Hosen und weiß-blau gestreiftem T-Shirt kam auf sie zu. Ein breiter Strohhut ließ die Hälfte seines braun gebrannten Gesichts im Schatten verschwinden. »Buon giorno, Carlo!«, begrüßte Remo den Mann. »Kommst wohl, um eine neue Gondel zu bestellen?« »Ne, muss erst noch sparen! Gondeln sind nämlich ganz schön teuer: über 20.000 Euro kostet so ein Schmuckstück. Denn jede Gondel muss für ihren Gondoliere passen wie ein Maßanzug. – Wie ein Smoking!«, fügte Carlo lächelnd hinzu.

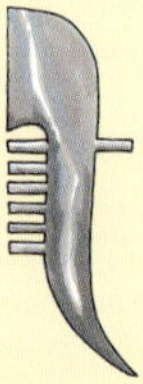

»Sind alle Gondeln schwarz?«, interessierte sich Pollino. »Heutzutage schon«, antwortete Carlo, »aber früher konnten sie in allen Farbe bemalt sein. In Venedig werden Gondeln schon seit

mehr als 1000 Jahren benutzt. Im 16. Jahrhundert gab es über 10.000 Gondeln in der Stadt, heute sind es gerade mal 500! Eine Gondel war für die venezianischen Adelsfamilien etwas Besonderes: Sie wurde bunt dekoriert und mit Samt- und Seidenkissen ausgelegt. Und zum Schutz vor Sonne oder Regen wurde ein Baldachin angebracht. Aber im Jahr 1562 verbot die venezianische Regierung jede Farbe, und auch das Dach musste verschwinden. Seitdem werden alle Gondeln mit schwarzem Lack überzogen.«

»So, fertig! Schluss für heute, Feierabend!«, rief Remo und legte den Hobel beiseite. »Jetzt ist Seebären-Zeit! Am Zattere-Kai wartet mein ›topo‹, das ausgeführt werden möchte.«

›Topo‹ heißt doch Maus auf Italienisch, überlegte Pollino. »Das ist keine Maus«, bemerkte Remo, der Pollinos Gedanken erraten hatte, »sondern mein Fischerboot. Ich kann damit entweder segeln oder es mit einem kleinen Motor antreiben, je nach Lust und Laune – und Wind!« Pollino und Remo verabschiedeten sich von Carlo und Signor Luigi. »Bis morgen, Meister. Muss meinem Gast mal Venedig von der Meerseite aus zeigen, sonst glaubt er mir nicht, dass Venedig ein Fisch ist!«, sagte Remo als er zu Signor Luigi ins Büro trat. »Na, dann mal los! Aber komm morgen pünktlich!«, kam es von Signor Luigi zurück. »Wenn du auf die Karte guckst, hat Venedig die Form eines Fisches. Kein Wunder, ist ja schließlich auch eine Meeresgeburt«, bemerkte Remo, während sie die Gondelwerkstatt ***Squero di San Trovaso*** *verließen.* 1

Squero di San Trovaso – die Werkstatt an der San Trovaso-Kirche. Hier befindet sich Venedigs älteste Gondelwerkstatt.

Im »Squero di San Trovaso« werden schon seit dem 17. Jahrhundert Gondeln und Boote aller Art hergestellt. In dem Holzhaus ist die älteste der wenigen verbliebenen Gondelwerkstätten in Venedig untergebracht. Diese Gondelwerkstatt wurde zusammen mit den Holzhäusern daneben von Arbeitern aus der Gegend um Treviso errichtet. Von dort stammte das Holz, das für den Bau der Gondeln benötigt wurde: Stämme von Eichen-, Kiefer-, und Nussbäumen, die man zu Flößen, so genannte ›zattere‹, zusammenband und die Alpenflüsse stromabwärts nach Venedig transportierte. Die Flöße legten an der »Fondamenta delle Zattere«, dem »Kai der Flöße«, an. Von hier brachte man das Holz zum nahen »Squero di San Trovaso«.

»Erinnerst du dich noch, was ich gestern über die ›Castellani‹ und ›Nicolotti‹ erzählt habe?«, fragte Remo, als sie vor der ***Kirche San Trovaso*** *standen. Pollino nickte.* 2 *»Die ständigen Kämpfe zwischen den beiden Parteien haben dazu geführt, dass diese Kirche zwei Eingangsfassaden bekam. Die eine schaut hierher, also zum* ***Campo San Trovaso****, und die andere richtet sich zum Kanal. Das hat man deshalb so gemacht, damit sich die verfeindeten Gruppen, wenn sie in die Kirche gingen, nicht begegneten.« »Und was geschah in der Kirche?« Pollino war gespannt auf die Antwort. »Da wachte der Pfarrer über die Streithähne, und vor dem Pfarrer hatten sie alle Respekt.«*

Remo hatte an den ***Fondamenta delle Zattere*** *sein Boot festgeleint, das sie für* 3 *ihre kleine Insel-Tour benutzen wollten. Als Pollino aus der dunklen Gasse auf den sonnenüberfluteten »Zattere-Kai« trat, blieb er plötzlich stehen. Das Licht blendete ihn so stark, dass er im Augenblick nichts erkennen konnte. Erst nach und nach traten die Umrisse der umliegenden Häuser und der Menschen, die auf dem Kai spazieren gingen, zum Vorschein. »Das ist unsere Sonnenpromenade,« meinte Remo, als sie den Kai überquerten. Vor den Bars und Eisdielen saßen Touristen um kleine Tische und streckten sich genüsslich im warmen*

Blick auf die Fondamenta delle Zattere

Sonnenlicht. Aber was sich auf dem Meer abspielte, interessierte Pollino viel mehr: Riesige Überseedampfer zogen an ihm vorüber, große und kleine Lastkähne tuckerten durchs Wasser, Boote aller Formen und Größen segelten oder fuhren kreuz und quer über den breiten Kanal. Die Lastkräne des Hafens von Venedig waren rechts von ihm zu sehen, und am Horizont vor ihm zeichnete sich die Insel Giudecca ab. Sie verleiht dem Kanal seinen Namen: ***Canale della Giudecca****.*

»Leinen los!«, rief Remo, dann schaukelte sein ›Topo‹ von der Kaimauer aufs Meer hinaus. Jetzt fühlte sich Pollino wie ein echter Seebär auf dem Weg zu großen Abenteuern. Remo warf den Außenbordmotor an und das Boot glitt über das Wasser. »Im Kanal ist das Meer viel ruhiger als draußen in der Lagune. Dort geht es manchmal ganz schön ungemütlich zu«, schrie Remo gegen den Lärm des Motors an. »Aber keine Angst: Ich war schon mit 10 Jahren mit meinem Vater zum Fischen in der Lagune und kenne das Meer so genau wie meine löchrige Hosentasche. Mein Vater hat mir 'ne Menge beigebracht. Ich werde nie vergessen, was er mir auf einem unserer ersten gemeinsamen Ausflüge gesagt hat, als ich kurz davor war, auf dem Boot einzunicken. Wir fuhren immer vor Morgengrauen los und ich war hundemüde: ›Wenn du alleine rausfährst und müde wirst, dann stütz' dich auf das Ruder, so kannst du schlafen, ohne über Bord zu gehen!‹. So ein Typ ist mein Vater!« Das ist die harte Seebären-Schule, dachte Pollino.

An der Haltestelle »Zattere« am Zattere-Kai steigt ihr in ein Vaporetto der Linie »82« (Richtung »San Zaccaria«). Damit gelangt ihr zur Insel Giudecca und weiter bis zur Insel San Giorgio.

Giudecca – Insel und Stadtteil

Die Insel Giudecca ist der siebte Stadtteil von Venedig. Meist wird Venedig in sechs Stadtviertel eingeteilt – die Stadtteile wurden ja »sestieri«, also »Sechstel« genannt. Oft vergisst man dabei einfach die Giudecca *(sprich: Dschu-de-ka)*. Da die Insel mit ihrer lang gestreckten Form wie eine Sichel oder eine Fischgräte aussieht, gab man ihr ursprünglich den Namen »Spinale« oder »Spinalunga« (»langer Dorn« oder »lange Fischgräte«). Über die Herkunft der heutigen Bezeichnung »Giudecca« ist man sich unklar. Einerseits wird behauptet, der Name käme von »giudei«, dem italienischen Namen für Juden, die hier ab dem 11. Jahrhundert wohnten. Der Name »Giudecca« könnte aber auch von »Zudeca«, dem venezianischen Ausdruck für Verurteilte, abstammen. Im Mittelalter verbannten die Venezianer zahlreiche Verbrecher auf diese Insel.

Doch für eine Strafinsel war Giudecca mit seinen herrlichen Gärten eigentlich zu schade. Das dachten sich auch die venezianischen Adelsfamilien. Sie errichteten auf der Insel ab dem 14. Jahrhundert reich ausgestattete Palazzi als ihre zweite Residenz nach dem Familienpalast in der Stadt. Mit Kirchen, Klosteranlagen und Armenhäusern wurde die Giudecca weiter bebaut.

Das architektonische Schmuckstück der Insel Giudecca ist die **Kirche Il Redentore**. 4 Sie wurde von den Venezianern zu Ehren des »Erlösers« (= Il Redentore) Jesus Christus errichtet. Denn endlich waren sie von der entsetzlichen Pestepidemie erlöst, die zwischen 1575 und 1577 in Venedig 45.000 Menschen das Leben kostete – das war mehr als ein Viertel der gesamten Bevölkerung! Für die Erlösung von der Seuche wollten die Venezianer Jesus mit der Errichtung dieser Kirche danken. Der berühmteste Architekt jener Zeit, Andrea Palladio, entwarf die Fassade von »Il Redentore«, die die Kirche wie einen antiken Tempel aussehen lässt. Auf der Spitze des Giebels steht weithin sichtbar die Statue des Erlösers mit einem Kreuz in der Hand.

Die Insel Giudecca mit der berühmten Redentore-Kirche

Die Insel San Giorgio

San Giorgio – Insel und Kirche sind dem heiligen Georg geweiht.

San Giorgio ist die nächste Insel, der ihr auf eurer kleinen Insel-Tour begegnet. Die Venezianer nennen sie auch »Insel der Zypressen«. Der Doge Tribuno Memmo hat sie im Jahr 982 den Mönchen des Benediktinerordens *(unter »Benediktiner« s. Begriffserklärungen)* geschenkt. Diese bauten neben der Kirche ein Kloster und legten große Gemüse- und Weingärten an. Der Blick von der Insel auf die Bucht von San Marco ist einmalig. Nicht umsonst führen die Venezianer seit Jahrhunderten ihre berühmtesten Gäste auf die **Insel San Giorgio**, damit sie von hier die Aussicht auf ihre Stadt genießen können.

Wie man am Namen der Insel erkennt, ist sie dem heiligen Georg geweiht. Georg war als Ritter in Kleinasien unterwegs, als er sah, wie eine Königstochter einem Drachen geopfert werden sollte. Mit den Worten »Gelobt sei Jesus Christus!« bohrte der tapfere Georg dem heranstürmenden Drachen seine Lanze in den Bauch und verletzte ihn schwer. Dann schleppte er den Drachen in die nächste Stadt und zeigte ihn den Einwohnern, die nun vor dem Ungeheuer keine Angst mehr haben mussten. Nur aufgrund seines Glaubens an Jesus Christus konnte er den Drachen besiegen, bekräftigte Georg. Er versprach, den Drachen zu töten, wenn sich die Leute des Ortes zum Christentum bekannten. Nachdem sich der König und das Volk hatten taufen lassen, erschlug Georg den Drachen.

Die Kirche San Giorgio Maggiore

Zu jener Zeit nahmen die römischen Soldaten unter Anweisung ihres Kaisers Diokletian zahlreiche Christen in Kleinasien fest und töteten sie. Der römische Richter Dacian erfuhr von den Heldentaten Georgs und ließ auch ihn verhaften. Georg wurde angekettet, mit heißem Blei übergossen und schließlich mit dem Schwert enthauptet. Wie so viele Heilige erlitt Georg einen grausamen Märtyrertod.

Auch die **Kirche San Giorgio Maggiore** 5 (die »Größere Kirche zu Ehren des heiligen Georg«) ist dem heiligen Georg geweiht. Sie wurde 982 von den Benediktinern auf den Resten einer Kirche aus dem 8. Jahrhundert errichtet. Nach einem schweren Erdbeben musste San Giorgio Maggiore im 16. Jahrhundert neu gebaut werden. Den Entwurf dazu lieferte wiederum Andrea Palladio, der Baumeister der »Redentore«-Kirche auf Giudecca. San Giorgio Maggiore ist ein Meisterwerk Palladios. Leider konnte der große Künstler die Fertigstellung der Kirche nicht mehr miterleben. Er starb, noch bevor San Giorgio im Jahr 1610 eingeweiht werden konnte.

Im Innenraum der Kirche könnt ihr, links und rechts vom Altar, zwei Gemälde von Tintoretto sehen: das »Letzte Abendmahl« und den »Mannaregen«. Mit »Manna« wird das Brot bezeichnet, das Gott für das Volk der Israeliten vom Himmel fallen ließ. Die Juden verließen Ägypten und zogen durch die Wüste. Als Gott sah, dass das Volk kurz vor dem Verhungern stand, ließ er Brot »regnen«. Der »Mannaregen« wird im Alten Testament beschrieben. Dort steht, dass die gesegnete Nahrung wie Tau fiel und das »Manna« die Israeliten während der vierzig Jahre ihrer Suche nach dem Gelobten Land ernährte. Auf dem Gemälde von Tintoretto seht ihr die Brotstücke verteilt auf der Erde liegen.

Besonders schön ist in der Kirche auch der Mönchschor hinter dem Altar. Er wurde im 16. Jahrhundert geschnitzt. Die Stuhlreihen sind mit Szenen aus dem Leben des heiligen Benedikt, dem Ordensgründer der Benediktiner, reich verziert. In San Giorgio Maggiore befindet sich in einem Nebensaal, der »Sala del Conclave«, auch ein Gemälde von Vittore Carpaccio, das den Drachen-tötenden Georg darstellt. Wer noch mehr Bilder zur Geschichte des heiligen Georg sehen möchte, sollte unbedingt die »Scuola di San Giorgio degli Schiavoni« besuchen. Auf drei Gemälden hat Vittore Carpaccio Episoden aus dem Leben des Heiligen abgebildet.

Das »Letzte Abendmahl«, gemalt von Tintoretto

Wer nun möchte, kann in Begleitung eines Mönches mit dem Aufzug den Glockenturm von San Giorgio hinauffahren. In 60 Metern Höhe genießt ihr eine wunderbare Aussicht auf Venedig und die Laguneninseln. Bei klarer Luft seht ihr sogar die Alpenberge! Das Kloster neben der Kirche könnt ihr leider nicht betreten. Es gehört mittlerweile einem reichen italienischen Industriellen, der es der Stadt abgekauft hat. Benediktinermönche wohnen hier schon lange nicht mehr. Dabei war das Kloster von San Giorgio im 17. Jahrhundert das schönste und reichste Kloster in Venedig. Aber 200 Jahre später vertrieb Napoleon die Benediktiner (und nicht nur sie, wie ihr in der »Kleinen Geschichte Venedigs« nachlesen könnt), und verwandelte das Kloster in eine Kaserne. Als die französischen Soldaten wieder abzogen, blieb das Kloster verlassen. Die Mönche wohnen seither in einem anderen Gebäude neben der Kirche.

Jetzt geht es weiter mit der Linie »82« zur Haltestelle »San Zaccaria«. Hier steigt ihr um und setzt eure kleine Insel-Tour mit der Linie »41« fort. An der nächsten Haltestelle »Arsenale« verlasst ihr das Vaporetto für einen kurzen Zwischen-Stopp und folgt dem Kanal »Rio dell'Arsenale« bis zum »Campo dell'Arsenale«.

Das Arsenale – Venedigs alte Schiffswerft

Pollino und Remo entfernten sich von der Insel San Giorgio und steuerten auf einen Kanal am Ende der »Riva degli Schiavoni« zu. Sie fuhren unter einer Brücke hindurch und befanden sich jetzt im »Rio dell'Arsenale«. »Das Arsenale musst du unbedingt sehen«, sagte Remo, während er mit dem Boot am ***Campo dell'Arsenale*** *festlegte. Sie stiegen aus und näherten sich riesigen Hallen aus rotem Backstein. Wie eine Festung waren die Gebäude von einer hohen Mauer und Türmen umgeben.*

»Im 15. und 16. Jahrhundert befand sich hinter dieser Mauer die größte und wichtigste Schiffswerft der Welt«, erzählte Remo. »Hier wurden die venezianischen Kriegs- und Handelsschiffe gebaut. Man behauptet, dass im ***Arsenale*** *5000, manche meinen sogar bis zu 16.000 Schiffsbauer, tätig gewesen seien. An einem Tag schafften sie es, eine Galeere von 40 Metern Länge und 5,5 Metern Breite zusammenzubauen. Auch die berühmten großen Galeeren, Galeazze genannt, entstanden hier. Sie dienten zum Transport von teuren Handelswaren und konnten auch mit schweren Kanonen ausgerüstet werden. Da die Schiffs- und Ausrüstungsteile eine einheitliche Form und Größe hatten, konnte wie am Fließband gearbeitet werden. Wie zum Beispiel im Jahr 1571, als es zur Schlacht gegen die türkische Flotte kam. Die Schiffsbauer waren so fleißig, dass sie in nur 60 Tagen Venedig mit 100 neuen Galeeren versorgten, also fast zwei Schiffe am Tag bauten!«, sagte Remo stolz.*

»Das Arsenale hatte zwei Eingänge: einen zu Wasser, durch den die Schiffe herein- und herausfuhren und der mit einem Fallgitter verschlossen werden konnte; und daneben einen ***Landeingang****, vor* 6 *dem wir jetzt gerade stehen«, erklärte Remo. Pollino blickte auf ein großes, mit vier Marmorsäulen versehenes Tor. »Das Tor wurde im Jahr 1571 nach dem Sieg bei Lepanto über die Türken errichtet. Aber so ganz traute*

Neben dem Landeingang der Meereszugang, durch den die Schiffe die Werft verließen.

So könnte es im 15. und 16. Jahrhundert im Arsenale, der größten Schiffswerft jener Zeit, ausgesehen haben.

man dem Frieden nicht. Siehst du den Markuslöwen dort oben? – Das Buch unter ihm ist geschlossen und das bedeutete …« »… dass Venedig weiterhin bereit war zum Krieg«, setzte Pollino fort. »Bravo!«, erwiderte Remo erstaunt. »Für jemanden, der nicht aus Venedig stammt, weißt du aber eine ganze Menge über meine Stadt. Sieh mal dieser Löwe hier, der links vom Engang Wache hält! Kennst du seine Geschichte?«, wollte Remo wissen. Pollino musste passen. »Er stammt aus Griechenland. Er bewachte früher den Hafen von Piräus. Auf seiner Schulter und an seiner Flanke sind Inschriften von Wikingern aus dem 11. Jahrhundert eingeritzt.« »Wikinger in Griechenland?«, fragte Pollino ungläubig. »Da staunst du, was? Die Wikinger waren als Berufssoldaten in Athen. Der griechische Kaiser hatte sie geholt, um mit ihrer Hilfe einen Volksaufstand zu unterdrücken.« Wenn jetzt Pollina dabei wäre, würde sie bestimmt von den Löwen sofort Fotos machen, dachte Pollino bei sich.

Castello – Die Heimat der Schiffsbauer

Als im 12. Jahrhundert das Arsenale in Betrieb genommen wurde, siedelten sich im umliegenden **Stadtteil Castello** die ersten Werftarbeiter an, vor allem Zimmerer, Seildreher und einfache Arbeiter. Die Venezianer kümmerten sich um Unterkünfte für die ›arsenalotti‹, wie sie die Werftarbeiter bezeichneten. Jeder, der beim Schiffsbau tätig war, durfte kostenlos in den Häusern wohnen. Zudem hatten die ›arsenalotti‹ die Möglichkeit, ihre Kinder als Lehrlinge in die Schiffswerft mitzunehmen. Die Schiffsbauer waren in Venedig sehr angesehen und ihr Handwerk sehr geschätzt. Sie waren es auch, die in vielen Kirchen die Holzdecken anfertigten, übrigens auch die des »Großen Saales« im Dogenpalast.

Nachdem Napoleon Venedig erobert hatte, zerstörte er als erstes das Arsenale. Damit wollte er für alle Zeiten verhindern, dass Venedig wieder zu einer Seemacht aufstieg. Er brachte die Kanonen und die Ausrüstung der Schiffe, die sich im Arsenale befanden, nach Frankreich. Die Schiffe selbst wurden zerschlagen, verbrannt und versenkt. Wenig später wurde das Arsenale endgültig geschlossen. Die Schiffsbauer zogen von Castello weg. Im Viertel wurde es immer einsamer, und bis heute ist Castello nur spärlich bewohnt.

Ihr geht nun wieder zurück zur Haltestelle »Arsenale« und steigt erneut in ein Vaporetto der Linie »41«.

Mit dem Vaporetto umfahrt ihr jetzt den Stadtteil »Castello«. Auf der Karte ist Castello sozusagen der Schwanz des »Fisches« Venedig. »Castello« heißt übersetzt »Burg«, »Festung«. Vor langer Zeit gab es tatsächlich eine Befestigungsanlage, und zwar auf der Insel San Pietro. Von hier aus konnte man Venedig gut gegen Angreifer verteidigen, die sich der Stadt vom Meer her näherten. San Pietro war auch lange Zeit der Sitz des Patriarchen, des

Die Kirche San Francesco della Vigna. Bevor es die Kirche gab, war hier ein großer Weinberg.

religiösen Oberhauptes von Venedig. Die Insel San Pietro gehört heute, wie die Insel Sant'Elena, auf der sich das Fußball-Stadion von Venedig befindet - selbst die Fußballmannschaft spielt auf einer Insel! - zum Stadtviertel Castello.

Am Ufer seht ihr die **Kirche San Francesco della Vigna** aus einer Häusergruppe 7 herausragen. Um diesen Ort rankt sich eine für die Venezianer wichtige Legende. Die Kirche soll nämlich genau an der Stelle errichtet worden sein, an der sich einst angeblich der heilige Markus aufhielt. Markus war auf dem Weg nach Rom und sehr müde. Er schlief zwischen den Rebstöcken (= italienisch »vigna«), die es hier früher gab, bald ein. Im Traum erschien ihm ein Engel, der zu ihm sagte: »Friede sei mit dir, Markus, mein Evangelist. Wisse, dass dereinst dein Leib hier ruhen wird.« Die Reliquien des heiligen Markus liegen jetzt zwar nicht genau hier, sondern in der Markuskirche, aber diese Geschichte wird trotzdem in Venedig gern erzählt. Und wer weiß, vielleicht will man damit auch den »Raub« der Markusreliquien (siehe »Kleine Geschichte Venedigs«) aus Alexandria ein wenig rechtfertigen?

Hinter der Kirche San Francesco beginnt der lang gestreckte **Kai Fondamenta Nove**. Bevor der Kai im Jahr 1589 er- 8 richtet wurde, standen an diesem Ufer die Sommerpaläste und Gärten reicher Venezianer. Jetzt ist der »Fondamenta Nove«-Kai vor allem Anlegestation für Vaporetti und Motorschiffe auf ihrem Weg von und zu den Laguneninseln Murano, Burano und Torcello. Aber nicht nur Einheimische und Touristen brechen von hier auf. Die Venezianer erzählen, dass an dieser Stelle Hexen mit Zauber-schnellen Booten zu wilden Festen auf den Laguneninseln starten. -

Venedig ist wirklich einzigartig: Hier fliegen Hexen nicht auf Besen, sondern fahren mit Booten!

Da die Vaporetto-Boote der Linie »41« zur Insel Murano weiterfahren, müsst ihr an der Haltestelle »Fondamenta Nove« aussteigen. Trotzdem bleibt ihr der Linie »41« treu. Denn zur Weiterfahrt benützt ihr ein Vaporetto, das von Murano kommt. Haltet daher nach einem Vaporetto der Linie »41« Ausschau, das in Richtung »Ferrovia (Bahnhof)-Piazzale Roma« fährt.

Die Chiesa della Madonna dell'Orto – die Kirche der »Mutter Gottes im Garten«

An der Station »Madonna dell'Orto« legt das Vaporetto an und ihr verlasst das Boot für einen kleinen Landausflug. Die Kirche **Chiesa della Madonna dell'Orto** ist eine der schönsten Kirchen in Venedig. Sie wurde im gotischen Baustil errichtet. Ihren Namen »Madonna im Garten« erhielt die Kirche von einer Statue, die man in einem Garten in der Nachbarschaft fand. Die Einwohner Venedigs glaubten, dass die Statue die Madonna, die Mutter Gottes, darstelle und Wunderkräfte besitze, und haben deshalb die Kirche nach ihr benannt.

Im Innern der »Chiesa della Madonna dell' Orto« hängt ein Gemälde, das schon so manchem Betrachter einen Schreck eingejagt hat. Es stammt von Tintoretto und stellt »Das Jüngste Gericht« dar. Das Gemälde zeigt Jesus als Weltenrichter, oben im Himmel. In der einen Hand trägt er eine Lilie, die ein Zeichen für das Licht und die Reinheit ist. Das Schwert in seiner anderen Hand steht für Strenge und Gerechtigkeit. Ihm zur Seite sind Maria und Johannes der Täufer dargestellt. Sie bitten Jesus, die Menschen im Paradies aufzunehmen. Darunter befinden sich Heilige und die Apostel, und ganz unten wartet das Volk auf die Entscheidung, ob es im Himmel Einlass findet oder für immer in der Verdammnis verschwindet. Der Maler Tintoretto hat die Szene so wirklichkeitsnah und mit kraftvollen Farben auf die Leinwand gemalt, dass es einem Angst und Bange werden kann. Wer das Bild anschaut, meint selbst mitten im Geschehen zu stehen und auf das Urteil Gottes zu warten.

Der Mohrenplatz

*»**Campo dei Mori**«, las Pollino auf einem Schild, »das heißt doch Mohrenplatz, oder?« Remo nickte und sagte: »Jetzt willst du bestimmt wissen, wo denn hier Mohren sind. Komm, ich zeig sie dir!« Die Jungen näherten sich einem großen Gebäude, und plötzlich reckte sich ihnen eine lange eiserne Nase entgegen. Die außergewöhnliche Nase gehörte der Statue eines Mannes, die an der Hausecke des Palazzo stand.*

»Darf ich vorstellen: Sior Antonio Rioba, von Beruf Diener und Kamelführer, treuer Untergebener der Familie Mastelli«, sprach Remo in feierlichem Ton. »In Aktion zu sehen auf einem Relief an der Hauswand zur Kanalseite, wie er sein schwer beladenes Lieblingskamel durch die Wüste führt. Die Mastelli waren arabische Kaufleute, die es in die griechische Stadt Morea verschlagen hatte«, erklärte Remo. »Von dort wurden sie vertrieben und flohen nach Venedig. Durch den Handel mit Stoffen und Gewürzen brachten sie es zu großem Reichtum. Die Händler legten ihren ursprünglichen arabischen Namen ab und nannten sich nun Mastelli. Für die Venezianer blieben sie und ihr Diener ›Sior Rioba‹ jedoch weiterhin die ›mori‹, die Mohren. Sie wohnten in diesem Palazzo, dem Palazzo Mastelli. Übrigens kannst du weitere Mitglieder der Familie Mastelli kennen lernen. Sie stehen an der Fassade des Palastes: aus Stein wie ihr Diener ›Sior Rioba‹, mit 'nem Turban auf dem Kopf, nur ohne lange Nase.

*Früher waren die **vier Statuen der Mohren** farbig angemalt, und jede trug eine Handtasche als Zeichen für ihren Reichtum. Am berühmtesten ist der ›Sior Rioba‹. An seine lange Nase haben die Venezianer Zettel gehängt, auf denen sie sich über die Regierung oder den Dogen lustig machten. Bis heute glaubt man, dass es Glück bringt, wenn man die Nase berührt. Deshalb ist sie auch so abgewetzt!«, kicherte Remo. Pollino hatte große Lust, die eiserne Nase anzulangen, aber er schämte sich vor seinem venezianischen Freund. »Los, mach schon«, sagte Remo mit einem Augenzwinkern und legte seine Hand auf die Nase der Statue, »alle brauchen Glück im Leben, besonders wir Seebären!«*

Sior Antonio Rioba mit seiner seltsamen Nase – einer der vier steinernen Mohren am Campo dei Mori, dem Mohrenplatz

Vom Campo dei Mori sind es nur wenige Schritte bis zur **Casa di Tintoretto**, (11) dem Geburtshaus des großen venezianischen Malers. Es steht am Kai »Fondamenta dei Mori«. In dem einfach wirkenden Gebäude mit der Nummer 3399 verbrachte Tintoretto 50 Jahre seines Lebens. An der Fassade des Hauses könnt ihr eine kleine Figur erkennen. Sie stellt den griechischen Helden Herkules dar und soll an die beinahe übermenschliche Energie und Schaffenskraft von Tintoretto erinnern. Aber als Tintoretto im Jahr 1594 starb, war er trotz seiner zahlreichen berühmten Gemälde ein beinahe mittelloser Mann. Zum Glück hatte er dieses Haus schon lange vor seinem Tod gekauft, sonst wäre seine Familie obdachlos geworden.

An der Kanalseite des Palazzo Mastelli (Richtung Kirche) findet ihr das Kamelrelief.

Das venezianische Ghetto

Entlang breiter Kais und über steinerne Brücken führt euch der Weg zum **Campo del Gheto Nuovo**. (12) Jeder von euch hat sicher schon das Wort »Ghetto« gehört oder gelesen. Darunter versteht man im allgemeinen Stadtteile in Europa, in denen Juden eingeschlossen und unter Aufsicht lebten. Aber nur die wenigsten wissen, dass dieses Wort seinen Ursprung in Venedig hat und dass sich hier das erste und somit älteste Ghetto Europas befindet.

Im Ghetto leben heute etwa 500 jüdische Bürger.

Die Geschichte der Juden in Venedig reicht bis ins 11. Jahrhundert zurück. Schon damals waren etliche jüdische Händler in der Stadt tätig. Sie durften allerdings nicht in Venedig selbst, sondern mussten auf der Insel Giudecca, dem Lido oder auf dem Festland wohnen. Im 14. Jahrhundert gewährte die venezianische Regierung den Juden ein eingeschränktes Wohnrecht auch im Stadtgebiet. Und im Jahr 1516 wurde den jüdischen Familien ein Wohngebiet im Stadtteil Cannaregio zugesprochen. Dieses war rundherum von Kanälen umgeben und ließ sich daher leicht bewachen.

Bevor Menschen jüdischen Glaubens dieses Stadtviertel besiedelten, lebten hier Kanonengießer, die in den zahlreichen Eisen- und Metallgießereien von Cannaregio arbeiteten. Gießen heißt auf Italienisch »gettare«, und der Guss »il getto«. Man vermutet, dass sich daraus das Wort »Gheto« oder »Ghetto« entwickelte. Die Juden begannen, sich in ihrem Gheto Nuovo (= »Neues Ghetto«) einzurichten. Da sie kein Recht hatten, Grundstücke oder Häuser zu kaufen, durften sie die Wohnungen nur mieten. Im Lauf der Jahre zogen immer mehr Juden in das reiche Venedig und die Häuser im Ghetto mussten aufgestockt werden. Im »Gheto Nuovo« stehen Häuser, die acht Stockwerke hoch sind. Das sind die »Wolkenkratzer von Venedig«, denn nirgends sonst in der Stadt gibt es Wohnhäuser in dieser Höhe.

Im venezianischen Ghetto fühlt man sich in die Vergangenheit zurückversetzt.

Die Juden durften nur bestimmte Berufe ausüben: Sie mussten als Lumpensammler oder als einfache Handwerker, wie etwa als Färber, ihr Geld verdienen. Zudem wurden sie von der venezianischen Regierung beauftragt, Pfandleihhäuser zu leiten. Jedes dieser Leihhäuser war nach der Farbe seiner Pfandzettel benannt: Es gab rote, grüne oder auch gelbe Häuser. In den Leihhäusern konnte man bald auch Geld leihen, und so wurden aus den Geschäftsführern oftmals Bankiers. Noch immer könnt ihr den Schriftzug »Banco Rosso« an einem der Gebäude am Campo del Gheto Nuovo entdecken. Durch ihre Bank- und Leihgeschäfte erlangten etliche Juden beträchtlichen Wohlstand, der ihnen bei der venezianischen Regierung Respekt verschaffte. Bei Geschäften im Orient beteiligte man Juden oftmals als Berater, und es wurde ihnen dann auch gestattet, mit eigenen Schiffen zu fahren, um Handel zu treiben.

Die jüdische Gemeinde konnte in ihrem »Gheto« nach eigenen Traditionen leben. In den Jahren 1528 und 1532 entstanden die ersten beiden jüdischen Gebetshäuser (= Synagogen). Später wurden noch drei weitere gebaut. Ihr könnt die Synagogen besichtigen. Besonders sehenswert sind folgende jüdische Gebetshäuser: die »Schola Grande Tedesca« (die »deutsche Schule«) mit einer schönen Kuppelgalerie (sie war

Wegen ihrer für Venedig ungewöhnlichen Höhe sagen die Venezianer »Wolkenkratzer« zu diesen Häusern.

den Juden aus Deutschland vorbehalten); und die »Schola Spagnola«, die »spanische Schule«, die vom berühmten Architekten Baldassare Longhena zur größten Synagoge in Venedig ausgebaut wurde.

In vielen Ländern Europas, nicht nur in Deutschland oder Spanien, wurden im Mittelalter Juden wegen ihres Glaubens verfolgt und misshandelt. Viele jüdische Familien beschlossen deshalb, nach Venedig zu ziehen, wo ihnen niemand ihre Religion verbot, und sie zwar nicht frei, aber gefahrlos leben konnten. Das »Gheto Nuovo« wurde daher bald zu klein und Mitte des 16. Jahrhunderts um ein neues Wohnviertel erweitert - es entstand das Gheto Vecchio (das heißt »Altes Ghetto« - aber lasst euch von den jeweiligen Namen nicht verwirren).

Fast 5000 Einwohner zählte das Ghetto Venedigs. Sie alle mussten jedoch die Regeln, die ihnen die Venezianer mit der Einrichtung des Ghettos auferlegten, strengstens einhalten: Juden durften nur tagsüber in andere Stadtviertel, und wenn sie das »Gheto« verließen, hatten sie ein gelbes Zeichen auf ihrer Kleidung oder einen gelben Hut zu tragen, damit jeder sie als Juden erkennen konnte. Außerdem war es ihnen nicht gestattet, Ehen mit Christen einzugehen oder die christliche Religion anzunehmen. Auf einer **Tafel an einer Hauswand in der Calle del Gheto Vecchio** könnt ihr ein paar dieser Regeln lesen. Am Abend wurden die Juden eingesperrt: Mit schweren Toren wurden die Ein- und Ausgänge des Ghettos verschlossen und erst im Morgengrauen wieder aufgemacht. Die Vertiefungen am Durchgang »**Sotoportego del Gheto**« zeigen die Stelle, wo eines dieser Tore einrastete.

Unter diesen Bedingungen lebten die Juden in Venedig bis 1797. In jenem Jahr eroberte Napoleon die Stadt und ließ alle Tore des Ghettos niederreißen. Es dauerte nicht lange, und die Juden hatten nicht nur in Venedig, sondern in ganz Italien die selben Rechte wie alle anderen Bürger. Heute wohnen im ehemaligen veneziani-

Der Campo del Gheto Nuovo ist der Mittelpunkt des alten jüdischen Stadtviertels.

schen Ghetto noch etwa 500 Juden. Leben regt sich vor allem rund um den »Campo del Gheto Nuovo«, in umliegenden Bäckereien, Lebensmittelgeschäften und kleinen Handwerksläden. Ihr solltet es nicht versäumen, dem venezianischen Ghetto einen Besuch abzustatten. Was hier mit venezianischen Bürgern geschah, hat sich in vielen europäischen Städten auf viel schlimmere Weise ereignet: Dort wurden jüdische Mitbürger nicht nur eingesperrt, sondern auch gefoltert und getötet. Und wir sollten alle mitwirken, dass jüdischen Familien so etwas nie wieder angetan wird! Wer möchte, kann Führungen durch das Jüdische Museum und die Synagogen mitmachen. Sie werden von der jüdischen Gemeinde kostenlos angeboten.

Von der Haltestelle »Guglie« bringen euch die Vaporetti der Linien »41« und »51« zum Bahnhof (Haltestelle »Ferrovia«).

Pollino und Remo näherten sich dem Ende ihrer kleinen Insel-Tour. Sie durchfuhren den breiten ***Canale di Cannaregio****, an dem* 13 *große Palazzi mit ihren schönen Garten - anlagen standen. »Bis vor dem Bau der Eisenbahn- und Autobrücke war dieser Kanal der eigentliche Zufahrtsweg nach Venedig«, rief Remo, dem der stärker werdende Seewind um die Ohren brauste. Pollino war begeistert, auf dieser Wasserstraße nach Venedig hineinzufahren. »Wenn man mit dem Auto nach Venedig reist, so ist das ja, als würde man die Stadt durch die Hintertür betreten!«, brummelte er.*

Remo steuerte sein Boot trotz des aufgewühlten Meeres sicher am großen Handelshafen Venedigs vorbei und erreichte erneut den Canale della Giudecca. Der Zattere-Kai war schon in der Ferne zu sehen. »Na, alter Seebär, hat es dir gefallen?«, wandte sich Remo an Pollino. »Super!« - Pollino war völlig begeistert. »Darf ich dich zu einem Eis einladen?«, fragte er. »Gern!«, erwiderte Remo. »An den Zattere gibt es 'ne Spitzen-Eisdiele.« Während Remo anlegte, sprang Pollino auf den Kai und band das Boot mit einer dicken Leine fest.

»Übrigens, ich hab da noch ein kleines Geschenk für dich«, sagte Remo. Er holte seine rote Mütze aus der Hosentasche. »Ist zwar schon etwas abgenutzt, aber immer noch gut zu gebrauchen. Hier!« Als Pollino die Mütze entgegennahm, liefen seine Wangen rot an, so gerührt war er. Wäre jetzt Pollina dabei gewesen, hätte er behauptet, daran sei der Seewind schuld. »Allora, un gelato? Hast du nicht etwas von einem Eis gesagt?«, fragte Remo und zog lachend seinen neuen Freund mit sich fort in Richtung Eisdiele.

Übersichtsplan:
Die große Insel-Tour
durch die Lagune

Die große Insel-Tour: Die Lagune von Venedig und ihre Inseln

Folgende Vaporetto-Linien könnt ihr benutzen: Von der »Piazzale Roma«, dem Bahnhof («Ferrovia«) oder der Haltestelle San Zaccaria (Nähe Markusplatz) fahren die Linien »41« und »42« nach Murano.

Ansonsten startet eure »große Inseltour« an der Haltestelle »Fondamenta Nove«. Von den Fondamenta Nove fährt die Linie »LN« (das heißt Laguna Nord – durch die nörliche Lagune) zu den Inseln Murano und Burano, und natürlich wieder zurück. Nach Torcello geht es von Burano aus. Die Fahrt nach Murano dauert knapp 10 Minuten, von Murano nach Burano durchschnittlich etwa 40; und von Burano nach Torcello sind es nur 5 Minuten.

»Sind Sie Fräulein Pollina?«, wandte sich der Hotelportier freundlich an Pollina. »Ja!«, antwortete Pollina, die in einem Sessel im Vorraum des Hotels Platz genommen hatte und gerade dabei war, ihre bereits beträchtliche Foto-Sammlung von Markuslöwen zu ordnen. »Soeben hat eine gewisse Signorina Barbara angerufen«, sagte der Portier, »und ich soll Ihnen mitteilen, dass sie heute Morgen leider nicht kommen kann.« So ein Mist!, ärgerte sich Pollina. Was soll ich jetzt den ganzen Tag nur machen? – Mit Pollino zu gehen und beim Gondelbauen zuzuschauen, dazu hatte Pollina überhaupt keine Lust. Betrübt verkroch sie sich immer tiefer in den Sessel.

Der Portier sah, wie die Stimmung Pollinas auf den Nullpunkt sank. »Fräulein Pollina, entschuldigen Sie bitte!«, sagte der Hotelportier. »Darf ich Ihnen einen Vorschlag machen? Ich habe eine Tochter, die etwa in Ihrem Alter ist. Es ist Ferienzeit, und ich weiß, dass sie heute noch nichts vorhat. Meine Familie lebt auf Murano – der ›Glasinsel‹ von Venedig. Wenn Sie möchten, kann ich meine Tochter anrufen. Sie zeigt Ihnen gern unsere Insel. Die Fahrt durch die Lagune und ein Aufenthalt auf der Insel werden Ihnen bestimmt Spaß machen!«

Die Lagune

Die Inseln Murano, Burano und Torcello liegen nordöstlich von Venedig im Lagunenmeer, das fast so groß ist wie der Bodensee. Das Meer ist hier sehr flach. Es vereinigt Süßwasser aus den Flüssen, die sich in die Lagune ergießen, mit salzigem Meerwasser. Das schafft hervorragende Lebensbedingungen für Wasservögel und Fische. Die Vögel können sich in dem dichten Schilf an den Flussmündungen Nester bauen. In der Lagune sind viele »Fischfarmen« angelegt, in denen Muscheln, Aale, Barsche, Austern, Krebse und anderes Meeresgetier gezüchtet werden. Ihr könnt diese »Fischfarmen« daran erkennen, dass zwischen Pfählen Netze und Taue gespannt sind.

In der Lagune herrscht jeden Tag reger Verkehr: Fischer sind mit ihren flachen Booten unterwegs, Venezianer fahren auf ihren Segel- oder Motorbooten, Touristen und Einheimische benutzen Vaporetti und Motonavi zu den großen Inseln Murano, Burano und Torcello. Wer jetzt glaubt, auf dem Meer gäbe es keine Straßen und keine Verkehrsregeln, der hat sich getäuscht. Alle Boote und Schiffe müssen genau markierten Wasserstraßen folgen. Große Pfähle im Wasser, von den Venezianern »bricole« genannt, zeigen den Steuermännern, wo's langgeht. Das ist vor allem für größere Schiffe sehr wichtig, denn in diesem flachen Meer riskieren sie, auf Grund zu laufen, wenn sie diese Wasserstraßen verlassen. Die Venezianer wandten früher übrigens einen besonderen Trick an, um Angriffe feindlicher Flotten abzuwehren: Sie entfernten die Begrenzungspfähle, sodass die feindlichen Schiffe irgendwann im sandigen Meeresboden steckten.

Die Friedhofs-Insel San Michele

Auf dem Weg nach Murano kommt ihr an der »Toteninsel« **San Michele** vorbei. Hinter den hohen Backsteinmauern befindet sich seit Anfang des 18. Jahrhunderts der Friedhof von Venedig. Die Insel war früher auch bewohnt. Im 13. Jahrhundert siedelten hier Mönche und errichteten das Kloster San Michele. Ihr friedliches Inselleben fand ein Ende, als Napoleon Venedig eroberte. Er löste das Kloster auf und verwandelte die Klosterinsel in eine richtige »Toteninsel«. Auf dem Friedhof werden nur gebürtige Venezianer begraben – und berühmte Besucher der Stadt, denen ein dauerhaftes »Gastrecht« zugesprochen wurde. Deshalb findet ihr auf der Insel San Michele neben den Grabstätten venezianischer Dogenfamilien, Adeliger und Generäle auch Gräber wie des bekannten russischen Komponisten Igor Strawinsky und des amerikanischen Schriftstellers Ezra Pound.

Paola und die Glasinsel Murano

»Du bist Pollina, stimmt's?«, sagte ein Mädchen und reichte Pollina die Hand. Pollina begriff sofort, dass Paola vor ihr stand, denn die Ähnlichkeit mit dem Vater war unverkennbar. »Willkommen auf der ***Glasinsel Murano,*** *wo sogar Tiere aus Glas sind!«, kicherte Paola. Sie trug ein rot-weiß gestreiftes T-Shirt und eine durchlöcherte Jeans. Mit ihren unfrisierten, schwarzen Haaren sah Paola aus wie ein kleiner Pirat – fehlt nur noch die Augenklappe!, dachte Pollina. »Komm mit, ich will dir meine Heimatinsel zeigen!«, sagte Paola und begann sofort, über ihre Familie und ihre Insel zu erzählen.*

»Wir leben schon seit ewigen Zeiten auf Murano. Sogar mein Ur-Ur-Großvater war schon hier zu Hause«, sagte Paola, während sie am Kanal der Glasbläser, dem ›Rio dei Vetrai‹, entlangschlenderten. »Murano war eine der ersten Inseln in der Lagune, auf der sich Menschen niederließen. Im 5. Jahrhundert flohen die Einwohner von Altino, einem kleinen Ort auf dem Festland, vor den Hunnen. Nirgends waren sie besser geschützt als auf den Laguneninseln. Eine Gruppe von Flüchtlingen blieb auf Murano und baute hier Häuser. Sie lebten vom Fischfang und vom Handel mit Salz.

Bis zum Jahr 1291. In jenem Jahr beschloss die venezianische Regierung, dass alle Glashütten vom Stadtteil Cannaregio nach Murano verlegt werden sollten. Den Venezianern war die Herstellung von Glas in ihrer Stadt zu gefährlich geworden. Die offenen Feuerstellen in den Glasfabriken hatten schon des Öfteren Stadtbrände verursacht. Man behauptet aber auch, dass die Glasbläser deshalb auf einer Insel arbeiten sollten, damit es für das übrige Europa ein Geheimnis blieb, wie Glas hergestellt wurde. Die ›vetrai‹, wie die Glasbläser genannt wurden, waren in Venedig sehr angesehen, noch mehr als andere Handwerker oder auch Künstler. Ihre Söhne und Töchter durften sogar in die adeligen Familien Venedigs einheiraten. Auf diesem Weise kamen auch Glasbläser-Familien zu der Ehre, in das berühmte ›Goldene Buch‹ eingetragen worden zu sein, in dem ansonsten nur die Namen der venezianischen Adelsfamilien standen. Trotzdem leb-

Ein typisches Glasbläser-Haus am Fondmaneta dei Vetrai, dem Kai der Glasbläser

ten die Glasbläser nicht unbeschwert: Verließen sie die Insel oder gaben sie das Geheimrezept zur Herstellung von Glas nach außen weiter, wurden sie zum Tode verurteilt.

Die Glasherstellung brachte Murano großen Reichtum. Die Insel wurde sozusagen zu einem eigenständigen Staat, mit einer eigenen Regierung und einem eigenen Gericht. Die Inselbewohner konnten sogar mit der Murano-Münze, also mit eigenem Geld, zahlen. Im 16. Jahrhundert lebten auf Murano 30.000 Menschen – das musst du dir vorstellen! Heute sind's gerade mal 6000! Und überall auf der Insel standen prächtige Villen mit großen Gärten, in denen die reichen Adelsfamilien aus Venedig den Sommer verbrachten.«

»Sieh mal, da drüben wohnen wir«, sagte Paola und zeigte auf ein Haus auf der anderen Seite des Kanals. »Es war früher ein Glasbläser-Haus. In den ***Glasbläser-Häusern*** *lebte früher der Besitzer der Glasfabrik im Obergeschoss, darunter befanden sich die Werkstätten mit den großen Öfen, die Lagerräume und die Büros. Jetzt gehört Papi und Mami das Obergeschoss, meinem großen Bruder die Werkstatt und mir das Büro. In den Lagerräumen sind die Küche und das Wohnzimmer. Und unser Hund hat es sich im Ofen bequem gemacht.« Pollina lachte. Die beiden Mädchen gingen weiter. Links von ihnen reihte sich ein Schaufenster ans andere. Paola hatte Recht, hier gab es tatsächlich alles Denkbare aus Glas: Tische, Stühle, Bücherregale, Gläser, Vasen – einfach unglaublich, dachte Pollina. Besonders gefielen ihr die kleinen gläsernen Tiere. Der feingliedrige Glaskrebs schien jeden Moment davonzukrabbeln. »Sag mal, möchtest du beim Glasblasen zuschauen?« Pollina war sofort begeistert von Paolas Vorschlag, denn sie war neugierig, wie man einen so winzigen Krebs aus Glas herstellen könne. Paola und Pollina betraten ein Geschäft und gingen durch die Ausstellungsräume in die Werkstatt einer Glasfabrik. Wie von Zauberhand formte sich das Glas vor den Augen Pollinas zu fantastischen Gebilden.*

Auf der Insel Murano müsst ihr an der Haltestelle **Colonna/Fondamenta dei Vetrai** aussteigen. Der Weg entlang der Fondamenta dei Vetrai, dem »Kai der Glasbläser«, bringt euch zum Zentrum von Murano. Am Ende des Kais liegt die **Kirche San Pietro Martire**. Sie wurde im 14. Jahrhundert als Klosterkirche von den Dominikaner-Mönchen erbaut. Das Innere der Kirche ist mit wertvollen Kunstwerken ausgestattet. Das große Gemälde im rechten Seitenschiff stammt von Giovanni Bellini. Zu sehen ist der Doge Agostino Barbarigo in Begleitung des heiligen Markus und des heiligen Augustinus. Der Doge kniet ehrfürchtig vor Maria, die mit dem Jesuskind auf einem Thron sitzt. Links und rechts von der Mutter Gottes spielen Engel auf Musikinstrumenten. Wenn ihr jetzt glaubt, der Doge wäre ein gütiger Mann gewesen, seid ihr auf dem falschen Dampfer. Agostino Barbarigo war in Wirklichkeit ein größenwahnsinniger Tyrann, der vom Volk gehasst wurde. Auch Gemälde können lügen!

Giovanni Bellini hat das Bild im Jahr 1488 gemalt. Der Ausschnitt zeigt den knienden Dogen Agostino Barbarigo.

Diese Figur in Holz geschnitzt, trägt Weinreben und ist eine Darstellung des Herbstes (in dieser Zeit findet die Traubenlese statt).

In der Sakristei von »San Pietro Martire« befindet sich ein kunstvoll geschnitztes Holzgestühl. Es befand sich früher im Versammlungssaal einer »Scuola«. 14 Jahre, von 1652 bis 1666, hat der Künstler gebraucht, um die vielen Figuren aus dem Holz zu schnitzen und zu schneiden. Wie in einem Bilderbuch könnt ihr auf 20 Tafeln die Lebensgeschichte Johannes' des Täufers verfolgen. Und von den 33 Holzskulpturen aus antiker Geschichte und Mythologie kennt ihr bestimmt einige aus dem Schulunterricht. Den Kaiser Nero, der Laute spielt, erkennt ihr ganz sicher.

Auch Murano hat seinen »Canal Grande«. Doch bevor ihr den überquert, solltet ihr noch einen Blick auf den **Palazzo da Mula** werfen. Wie der Name schon sagt, war das der Palast der Familie Mula. Besser gesagt, das »Ferienhaus« der Mulas.

Der Palazzo da Mula

Die venezianische Adelsfamilie wohnte hier nur während der Sommermonate, um der stickigen und feuchtheißen Stadtluft Venedigs zu entfliehen. Rund um den Palazzo standen Bäume, die Schatten spendeten, und eine frische Brise vom Meer sorgte für angenehme Temperaturen. Der Palazzo da Mula wurde im 11. Jahrhundert errichtet. Die hübschen zierlichen Reliefs an der Hausfassade wurden in der Zeit der Gotik *(s. Begriffserklärungen)* angebracht.

Euer Weg führt vorbei am Palazzo Giustinian, in dem sich das **Glasmuseum von Murano** befindet. Wer sich für die Geschichte des venezianischen Glases vom 15. Jahrhundert bis heute interessiert, ist hier genau richtig.

Die schönste Kirche von Murano ist **Santi Maria e Donato**. Sie ist der heiligen 5 Maria und dem heiligen Donatus gewidmet. Ursprünglich wurde die Kirche im 7. Jahrhundert zu Ehren der Mutter Gottes errichtet. Im Jahr 1125 brachte man die Gebeine des heiligen Donatus aus Griechenland nach Murano. Daraufhin wurde der Bau vergrößert und die Kirche bekam einen neuen Namen: »Basilica dei Santi Maria e Donato«.

»Entdeckst du das Gefäß, das hoch oben aus der Kirchenwand hervortritt?«, flüsterte Paola, die neben Pollina in der Kirche stand. »Das Gefäß befand sich früher in einer Kirche auf der Nachbarinsel Burano. Angeblich soll es sich dort immer auf unerklärbare Weise von selbst mit Messwein gefüllt haben. Im Jahr 1543 hat man es dann hierher gebracht – und seitdem ist's vorbei mit dem Messwein-Wunder. Aber wir Muraner glauben denen aus Burano sowieso nichts.«

Der Innenraum von Santi Maria e Donato

Die beiden bewegten sich Richtung Altar, an den Säulen vorbei, den Blick fest nach unten gerichtet. Sie gingen im Zick-Zack, denn der Fußboden war übersät mit Mosaiken von Pflanzen und Tieren. Weder Pollina noch Paola wollten auf einen Pfau, eine Grille, einen Adler, einen Fuchs oder ein Huhn treten. »Jedes Tier hat seine eigene Bedeutung«, sagte Paola, »der Adler steht für Macht, der Fuchs für Schlauheit, der Pfau für Gerechtigkeit. Die Mosaiken entstanden im Jahr 1140. Wer so schöne Tiere aus vielen kleinen Mosaiksteinen zusammensetzen konnte, war ein großer Künstler ...«

Pollina bewunderte ein weiteres Mosaik in der Apsis (s. Begriffserklärungen) der Kirche, das die »Madonna« zeigt. Sie wollte Paola fragen, ob dieses Mosaik von demselben Künstler stammte, der auch die Tiere geschaffen hatte. Aber ihre »Piraten-Freundin« war hinter dem Altar verschwunden.

»Das hier ist sind Drachenknochen«, sagte Paola geheimnisvoll. Pollina meinte, nicht richtig gehört zu haben. »Sind was?« »Knochen eines Drachens«, wiederholte Paola. »Wie der heilige Georg soll auch der heilige Donatus mit seiner Lanze einen Drachen getötet haben. Als man die Gebeine des Heiligen nach Murano holte, hat man auch diese Drachenknochen mitgebracht.« Ein alter Mann, der in der Nähe stand, belauschte das Gespräch der Mädchen. »Glaub' nur nicht alles, was sie dir auf Murano erzählen. Das ist in Wirklichkeit der Knochen eines Walfisches!«, sagte der Alte kichernd. Böse blickte Paola auf den Mann und zog Pollina weg. »Wie war das noch mal mit denen von Burano und ihren Schwindeleien?«, fragte Pollina listig.

Der Fußboden von Santi Maria e Donato zeigt fantasievolle Mosaike. Hier werden Hühner zu Jägern.

»Hier endet unsere Besichtigung von Murano. Was willst du denn jetzt unternehmen?«, fragte Paola neugierig, als sie auf dem Platz vor der Kirche standen. »Tja, keine Ahnung«, antwortete Pollina. »Weißt du was: Ich habe Zeit, du hast Zeit, warum fahren wir nicht nach Burano und Torcello? – Du solltest unbedingt auch noch diese Inseln der Lagune kennen lernen«, schlug Paola vor.

Von der **Haltestelle »Faro«**, benannt nach dem großen Leuchtturm, der hier steht, fahren die Boote Richtung Burano. Auf dem Weg dorthin kommt ihr an einer kleinen Insel mit dem Namen **San Giacomo** in Palude vorbei. 6 Die Insel ist heute verlassen, aber vor 300 Jahren war sie die Heimat eines schlauen Bettlers. Der Mann versteckte sich in einem Gebüsch am Ufer der Insel. Immer, wenn er ein Boot oder Schiff vorbeikommen sah, hielt er den Seeleuten eine lange Stange entgegen. Am Ende dieser Stange hatte der Schlauberger eine Sammelbüchse befestigt, in der die Leute eine Geldspende werfen konnten. Die venezianischen Fischer und Seeleute waren sehr abergläubisch, und keiner fuhr an der Büchse vorbei, ohne wenigstens eine Geldmünze hineinzugeben. Hätten sie es nicht getan, wäre ihnen vielleicht ein Unglück geschehen, dachten die Seeleute. Zum Vorteil des Bettlers …

Burano

Die Insel Burano und der gleichnamige Ort sind leicht zu erkennen – an den vielen bunten Fischerhäuschen.

Die Casa Bepi liegt in einer Seitengasse der Via Galuppi.

Wie Murano wurde auch die **Insel Burano** im 5. Jahrhundert besiedelt. Hier wie dort ließen sich Flüchtlinge vom Festland nieder. Mit seinen kleinen, bunten Häusern ist Burano die malerischste aller Laguneninseln. Die Fassaden der Fischerhäuser sind in vielen Farben bemalt: rot, orange, gelb, hellblau, grün oder rosa. Und kein Haus hat die Farbe des Nachbarhauses. Diese Bemalung hat einen ganz bestimmten Grund: die Fischer konnten, waren sie bei schlechtem Wetter auf dem Meer, die Insel durch die bunten Häuser leichter erkennen. Wegen seiner quietschbunten Farbe ist die **Casa Bepi** berühmt. Das Haus liegt mitten im Ort in einer kleinen Seitengasse der Hauptstraße von Burano, der Via Galuppi.

Wenn ihr die **Via Galuppi** entlang geht, werden euch zahlreiche Geschäfte auffallen, die Tücher und Decken verkaufen. Es handelt sich um handgeklöppelte Spitzen. Die Frauen von Burano sind berühmt für diese Handarbeiten, die sehr kunstvoll und fein ausgeführt sind. Im Merletti-Museum an der Piazza Galuppi könnt ihr eine große Auswahl dieser Stickereien bewundern.

Torcello – die »Mutter Venedigs«

Weiter geht es zur **Insel Torcello**. Lange bevor Venedig gegründet wurde, war Torcello besiedelt. Auf der Insel gab es einst einen großen Seehafen und sogar Schiffswerften. Zu dieser Zeit war die Insel von etwa 20.000 Menschen bewohnt. Und einem von ihnen, dem Kaufmann Rustico - erinnert ihr euch an die Episode in der »Kleinen Geschichte Venedigs«, - hat Venedig die Reliquien des heiligen Markus zu verdanken. Auch der Bischof von See-Venetien, dem zahlreiche Kirchen und Klöster zugeordnet waren, hatte für lange Zeit seinen Sitz in Torcello.

»Hier sollen mal 20.000 Leute gewohnt haben?«, wunderte sich Pollina. Sie ging mit Paola auf einem schmalen Weg durch eine verwilderte Sumpflandschaft. Keine Spur von Menschen, nichts zu sehen von Villen oder Palästen. Nur ein paar vereinzelte Fischerhäuser und kleine Restaurants säumten den Fußweg. »Ja«, antwortete Paola, »und das Spannende dabei ist: Es gibt bis heute keine vernünftige Erklärung dafür, warum Torcello plötzlich ausstarb. Keiner weiß, warum die Leute im 15. Jahrhundert die Insel verließen - vielleicht wegen einer Flutkatastrophe oder wegen einer Seuche?«

*Die beiden Mädchen erreichten eine Steinbrücke. »Das muss der ›**Ponte del** (9) **Diavolo**‹, die ›Brücke des Teufels‹, sein«, sagte Pollina. »Man behauptet, der Teufel hätte diese Brücke in einer einzigen Nacht gebaut.« »Ja, und wenn du willst, kannst du den Baumeister auch sehen: Jedes Jahr am 24. Dezember erscheint er auf dieser Brücke, und zwar als schwarze Katze«, fügte Paola hinzu. Das möchte ich nicht unbedingt erleben - Pollina schauderte bei dem Gedanken, dem Teufel ...*

Das Zentrum von Torcello war früher und ist noch heute ein Platz mit zwei Kirchen: Santa Maria Assunta und Santa Fosca. Es lohnt sich, beide Kirchen zu besichtigen.

Santa Maria Assunta (10)

Die Basilika *(s. Begriffserklärungen)* **Santa Maria Assunta** ist das älteste Bauwerk in der Lagune von Venedig. Sie wurde bereits im Jahr 639 zur Kirche geweiht. Im Innen-

Die Kirchen Torcellos - Santa Maria Assunta und Santa Fosca. Sie gehören zu den ältesten Bauwerken in der Lagune von Venedig.

Der Ponte del Diavolo – die »Brücke des Teufels«

raum von Santa Maria Assunta stehen 18 alte Marmorsäulen. Ihr solltet einen Blick auf die wundervollen Kapitelle, die Kopfstücke der Säulen, werfen. Sie stammen aus dem 11. Jahrhundert. Der Altarbereich der Kirche ist mit einer reich verzierten Ikonostase *(s. Begriffserklärungen)* vom Gemeinderaum getrennt. Im unteren Teil der Ikonostase seht ihr Marmorreliefs mit Darstellungen von Blumen, Löwen und Pfauen. Darüber, links und rechts vom Bildnis der Maria, sind die 12 Apostel abgebildet. Der hohe, steinerne Sitz hinter dem Altar wird von den Venezianern als Bischofssitz bezeichnet. Ob ein Bischof auf dem harten und unbequemen Steinsessel während des Gottesdienstes tatsächlich Platz genommen hat?

Besonders berühmt ist »Santa Maria Assunta« wegen ihrer Mosaiken. Viele Besucher behaupten, hier seien die schönsten Mosaiken weit und breit zu sehen, schöner noch als die der Markuskirche. Die Mosaiken von Santa Maria Assunta entstanden zwischen dem 7. und 12. Jahrhundert und wurden von Künstlern aus Byzanz angefertigt. Über dem Altar könnt ihr eine Darstellung von Maria mit dem Jesuskind sehen. Die Mutter Gottes ist in ein blaues Gewand gehüllt und hält in der Hand ein Taschentuch. Das Taschentuch ist ein Zeichen für ihre kommenden Leiden. Wenn ihr Sohn am Kreuz sterben muss, wird sie damit ihre Tränen trocknen.

Das Mosaik an der Portalwand der Kirche stellt das »Jüngste Gericht« dar. Auf mehreren Bildreihen verteilt sind von oben nach

Maria mit Kind

Ein Mosaik in der Kirche Santa Maria Assunta

unten folgende Ereignisse dargestellt: Kreuzigung; Christus überwindet die Hölle; Erscheinung Christi zwischen seiner Mutter Maria und Johannes dem Täufer; der für das Jüngste Gericht bereitete Thron; das Wägen der Seelen am Tag des Jüngsten Gerichts – links die Auserwählten, rechts die Verdammten.

Ausschnitte aus dem Mosaik »Das Jüngste Gericht« in der Basilika Santa Maria Assunta

Santa Fosca

Nur wenige Schritte neben Santa Maria Assunta befindet sich die **Kirche Santa Fosca**. Die beiden Kirchen sind durch einen Bogengang miteinander verbunden. Auch Santa Fosca ist eine sehr alte Kirche. Sie

Eine Steinmaske am Museo dell'Estuario

stammt aus dem 11. Jahrhundert. Auf dem Vorplatz solltet ihr nach einem Marmorblock suchen, der wie ein Sitz geformt ist. Die Venezianer sagen, das wäre der Thron von Attila, dem schrecklichen Hunnenkönig, gewesen. Nach ihm hätten die Bischöfe und Richter von Torcello den Stuhl aus Marmor benutzt.

Wer noch mehr über die Vergangenheit von Torcello erfahren möchte, kann das **Museo dell'Estuario** besuchen. In zwei alten Palästen gegenüber den Kirchen sind Bruchstücke von alten Statuen, Säulen und Reliefs, die früher die Kirchen und Paläste von Torcello schmückten, ausgestellt.

Pollina befand sich wieder auf dem Rückweg nach Venedig. Glücklich schaute sie auf den Krebs aus Glas in ihrer Hand. Paola hatte bemerkt, wie sehnsüchtig Pollina das gläserne Meerestier im Schaufenster betrachtet hatte. Als die Mädchen sich in Torcello voneinander verabschiedeten, hatte Paola plötzlich den Krebs aus ihrer Tasche gezogen und ihn Pollina als Erinnerungsstück an den gemeinsamen Tag auf der Glasinsel gegeben. Nach 40-minütiger Fahrt erreichte das Motonave die Haltestelle »Fondamenta Nove«. Kaum war Pollina an Land, hörte sie hinter sich einen schrillen Pfiff. Sie drehte sich um und erkannte Pollino. Ihr Bruder kam auf sie zu. Auf dem Kopf trug er eine rote Mütze. »Wo hast du die denn her?«, fragte Pollina und zeigte auf die Mütze. Stolz antwortete Pollino: »Ich bin jetzt einer der ›Castellani‹. Wir tragen alle rote Mützen, das ist unser Erkennungszeichen! Nur die Besten werden in unsere Bande aufgenommen.« »Ach!«, erwiderte Pollina. »Du und deine Banden!«. »Hier, das ist deine Mütze, schließlich bist du für mich die beste aller Schwestern!«, sagte Pollino. Er hob seine rote Mütze hoch. Darunter hatte er noch eine rote Mütze versteckt, die er Pollina aufsetzte.

Obwohl sich Pollina nichts aus Banden machte, fühlte sie sich geschmeichelt. »Danke! Und um ehrlich zu sein: Du bist eigentlich auch ganz nett. Sehr nett sogar!« Pollina reichte ihrem Bruder einen kleinen Gegenstand. »Das hier ist für dich!« Pollino schaute auf einen kleinen Glasfisch, der im Sonnenlicht funkelte. »Mensch, der ist ja super!« Pollino war begeistert. In diesem Augenblick hörten sie das Klicken eines Fotoapparats. Barbara hatte sich unbemerkt an die Geschwister herangeschlichen und die beiden fotografiert. »Ein wirklich tolles Paar!«, sagte sie und grinste über das ganze Gesicht.

Der Thron des Attila

Ausflug – Die Badeinsel »Lido di Venezia«

Vaporetto-Verbindungen: Von Haltestellen am Canal Grande mit der Vaporetto-Linie »1«. Ansonsten von der Haltestelle »San Zaccaria« beim Markusplatz mit den Linien »51« und »52« (Fahrzeit von hier: circa 15 Minuten). Die Linien »51« und »52« fahren auch die Haltestellen Piazzale Roma und Bahnhof (»Ferrovia«) an.

Wer von euch Urlaub am Meer gemacht hat, ist bestimmt schon mal an einem »Lido« entlanggelaufen. Viele Strände auf der ganzen Welt haben den Namen »Lido« von der Insel »**Lido di Venezia**« übernommen. Das ist kein Zufall, denn auf dieser Insel wurde im 19. Jahrhundert »Urlaub am Meer«, so wie wir ihn heute kennen, erfunden. Auf dem Lido di Venezia gab es die ersten Umkleidekabinen und Strandstühle für Badende; hier entstanden die ersten Badehäuser und Strandhotels der Welt; und am »Lido«-Strand tauchten die ersten fahrenden Eisdielen auf.

Damals war der Badeurlaub im Gegensatz zu heute allerdings nur etwas für Adelige, reiche Bürgerfamilien und erfolgreiche Künstler. Sie wohnten auf dem »Lido di Venezia« in großen Villen oder in prächtigen Hotelpalästen wie dem Hotel »Excelsior«. Das »Excelsior« war, als es 1907 erbaut wurde, das größte Hotel der Welt!

Die Kirche San Nicolò del Lido

Der »Lido di Venezia« ist eine lang gezogene, schmale Insel, die das Adria-Meer von der Lagune trennt. Am besten ist die Insel auf dem Fahrrad zu erkunden. In der Nähe der Vaporetto-Haltestelle an der Piazzale Santa Maria Elisabetta könnt ihr Fahrräder ausleihen.

Das erste Ziel eures Ausfluges führt euch gleich die Straße nach Osten entlang in das alte Stadtviertel »San Nicolò«. Es entstand rund um die **Kirche San Nicolò del Lido**. Seit dem Jahr 1100 werden in dieser Kirche die Gebeine des heiligen Nikolaus aufbewahrt. Als der Doge Enrico Dandolo 1202 den Vierten Kreuzzug ins Heilige Land vorbereitete, warteten im Gebiet von San Nicolò Tausende von Kreuzfahrern acht Monate auf ihre Abfahrt. Viele von ihnen verhungerten, denn die Venezianer hatten den Kreuzfahrern verboten, ihre Stadt zu betreten.

Ihr gelangt zum **Fort San Nicolò**. Hier genießt ihr einen herrlichen Blick über die Lagune und auf die Festungsanlage Sant' Andrea auf der gegenüberliegenden Insel. Sant' Andrea diente der Überwachung der alten Hafeneinfahrt von Venedig und war mit zahlreichen Kanonen bestückt. Außerdem konnten die Venezianer mit einer schweren Eisenkette Sant' Andrea und San Nicolò verbinden. Damit war im Bedarfsfall größeren Schiffen die wichtigste Zufahrtsstraße zur Lagune versperrt.

Im Stadtteil »San Nicolò« befindet sich auch der Flughafen von »Lido«. Er strahlt etwas vom Glanz vergangener Zeiten aus. Die Gebäude und Hallen des »Aeroporto Niceli« sehen immer noch aus wie vor 60 Jahren, als sie gebaut und eingerichtet wurden.

Endlich geht es zum Strand der »Lido«-Insel. Von der Straße ist das Meer meist nicht zu sehen, denn lange Reihen von Badehäusern verdecken die Sicht. Also, besser ihr steigt ab und geht barfuß den Sandstrand entlang. Fast am Ende des Lungomare Marconi erkennt ihr den Palazzo del Cinema, in dem jedes Jahr im September die berühmten Filmfestspiele von Venedig stattfinden. Der erste Preis – wie sollte es anders sein in Venedig – ist der »Goldene Löwe«.
Mit dem Rad könnt ihr jetzt noch bis nach Malamocco und Alberoni weiterfahren. Beide Orte sind malerische Fischerdörfer mit vielen kleinen Plätzen und Kanälen.

Der Strand des Lido di Venezia

Museen

In einer Stadt mit so zahlreichen Kunstschätzen wie Venedig gibt es natürlich auch eine Vielzahl von bedeutenden Museen. Den interessantesten - und lustigsten - solltet ihr unbedingt einen Besuch abstatten.

7 Die **Galleria dell'Accademia**, kurz »Accademia« genannt, (Dorsoduro, Campo della Carità 1050; Tel. 041-5 22 22 47; Öffnungszeiten: Mo 8.15-14 Uhr, Di-So 8.15-19.15 Uhr) ist das größte Museum Venedigs und beherbergt die weltweit reichhaltigste Sammlung Venezianischer Malerei. In 24 Sälen und Gängen sind etwa 800 Gemälde ausgestellt, die zwischen dem 14. und 19. Jahrhundert entstanden. Das Museum trägt den Namen »Accademia«, weil in einem der drei Gebäude, die zusammen das heutige Museum bilden, ursprünglich die Kunstakademie Venedigs zu Hause war. Zu den Gebäuden des Museums gehört auch die ehemalige »Schule« »Scuola Grande di Santa Maria della Carità«. Die Mitglieder der »Großen Schule der heiligen barmherzigen Maria« kümmerten sich um die Armen der Stadt. Übrigens: Solltet ihr nicht mehr genau wissen, was eine »Schule« war, dann seht im Rundgang »Rialto - Das alte Venedig« nach.

Der Saal 1 war der Versammlungsraum dieser wohltätigen Einrichtung. Gleich nach dem Treppenaufgang links hängt ein Bild vom Künstler **Jacobello del Fiore** aus dem Jahr 1421. Auf seinem »Triptychon«, so nennt man dreiteilige Bilder, die als Aufsätze von Altären dienen, ist links der Erzengel Michael zu sehen. Der Erzengel Michael wird immer wieder als Drachentöter dargestellt. In der katholischen Religionsgeschichte ist der Drache meist Sinnbild des Bösen, des Teufels, der von Heiligen und Engeln besiegt und getötet wird. Auf dem Bild von Jacobello del Fiore ist der Erzengel Michael mit einem Schwert bewaffnet und hält eine Waage, die den Sieg der Gerechtigkeit zeigen soll. Erinnert ihr euch, welcher Heilige noch mit einem Drachen gekämpft hat?

Auch das nächste Bild war ursprünglich ein Altaraufsatz: »Die Krönung der Jungfrau Maria« wurde von **Paolo Veneziano** gemalt. In der Bildmitte sitzen Christus sowie die Gottesmutter Maria auf einem Thron. Jesus setzt Maria gerade eine Krone auf. Das Bild wurde im 14. Jahrhundert im so genannten gotisch-venezianischen Stil angefertigt. Den gotischen Stil *(unter »Gotik« s. Begriffserklärungen)* erkennt ihr folgendermaßen: Die Darstellungen der verschiedenen Heiligen wie auch von Jesus und Maria erinnern nicht an wirkliche Menschen. Die Figuren erscheinen eher unnatürlich, steif und flach. Den Künstlern kam es nicht auf die naturgetreue Wiedergabe der Körper an. Ihre Absicht war es, die geistige Tiefe der Personen darzustellen.

Die nächsten Säle der Accademia führen euch in die Kunstepoche der Renaissance *(s. Begriffserklärungen)*. In dieser Zeitepoche hat sich die Malweise der Künstler geändert. Die Menschen auf den Bildern

»Das Letzte Abendmahl« von Paolo Veronese

wirken nun nicht mehr starr. Das Flache der Körper ist verschwunden. Ziel der Künstler war es nun, die Darstellungen von Menschen und Dingen wirklichkeitsnah zu gestalten. Wie zum Beispiel in der Abbildung des Tempels auf dem Bild »Vorstellung Jesu im Tempel« von **Vittore Carpaccio** in Saal 2. Das Gemälde entstand im Jahr 1510 und zeigt das kleine Jesuskind im Tempel Jerusalems. »Der heilige Georg« von Andrea Mantegna im Saal 4 ist ein weiteres Beispiel aus der Renaissance-Malerei. Der Künstler hat das Gemälde 1446 gemalt. Wie lebendig wirkt der junge Mann in seiner Ritterrüstung - wenn er auch etwas gelangweilt dreinblickt!

In Saal 5 der »Accademia« hängt ein sehr rätselhaftes Bild. Es ist nicht bekannt, wen oder was dieses Bild darstellen soll. Das Gemälde stammt vom Maler **Giorgione** und heißt »Der Sturm«. Lange Zeit glaubte man, dass darauf ein Soldat und eine Zigeunerin abgebildet wären und hatte das Bild nach den beiden benannt. Vielleicht hat Giorgione aber Adam und Eva gemalt, nachdem Gott sie aus dem Paradies vertrieben hatte? Der Künstler hat es auf dem Gemälde meisterhaft verstanden, die Stimmung kurz vor Ausbruch eines Gewitters festzuhalten, daher der jetzige Name »Der Sturm« Von Giorgione befindet sich ein weiteres Bild im Saal: das »Portrait einer alten Dame«.

Adam und Eva findet ihr auf einem Gemälde von **Tintoretto** in Saal 6. Es wurde zwischen 1550–1553 gemalt und trägt den Titel »Der Sündenfall«. Das Bild erzählt mehrere Geschichten. Links im Vordergrund sind Adam und Eva zu sehen, kurz bevor Eva von der verbotenen Frucht essen wird; und rechts ist zu erkennen, was danach geschieht: Ein Engel vertreibt die beiden aus dem Paradies.

»Der Sturm« von Giorgione

Wenn ihr wissen wollt, wie ein venezianischer Edelmann ausgesehen hat, solltet ihr euch das Portrait von **Lorenzo Lotto** aus dem Jahr 1528 in Saal 7 ansehen. Der Maler hat einen jungen adeligen Mann dargestellt. Es scheint, als wurde er vom Künstler beim Lesen überrascht. Ganz verwundert blickt er euch entgegen. Beim Malen dieses Porträts versuchte Lorenzo Lotto, durch die Haltung und durch Gegenstände auf dem Bild etwas über die abgebildete Person zu erzählen. Auf dem Gemälde könnt ihr erkennen, dass der junge Edelmann nicht nur ein begeisterter Leser war, sondern auch die Jagd und die Musik liebte.

Die Säle 10 und 11 sind die größten Räume der »Accademia«. Die riesigen Bilder, die hier hängen, gehören zu den Meisterwerken der venezianischen Malerei. Von **Paolo Caliari**, genannt **Veronese**, stammt das Gemälde »Gastmahl im Haus des Levi«, das auch als »Das letzte Abendmahl« betitelt wird. Dieses Bild aus dem Jahr 1573 ist 5,55 m x 12,80 m groß. Warum es zwei Titel hat, fragt ihr? Dazu gibt es eine amüsante Geschichte: In der Zeit der Renaissance war es üblich, in den Speisesälen der Klöster die Szene des letzten Abendmahls darzustellen. So erhielt auch der berühmte Künstler Veronese den Auftrag, den Speisesaal des Dominikanerklosters Santi Giovanni e Paolo mit dieser Szene auszuschmücken.

Das letzte Abendmahl findet auf dem Gemälde von Paolo Veronese in einer Säulenhalle statt. Dahinter seht ihr die Gebäude einer Stadt und den Himmel. Der Künstler hat warme und leuchtende Farben verwendet. Vielleicht kennt ihr auch das »Letzte Abendmahl«, wie es Leonardo da Vinci gemalt hat? Leonardo und die Künstler jener Zeit hatten das letzte Abendmahl immer voll tiefer religiöser Bedeutung dargestellt: Entweder war dabei das Wunder der Eucharistie zu sehen – Jesus teilt an die Jünger Brot und Wein aus, was als sein Leib und Blut verstanden wird. Oder es wurde die Szene wiedergegeben, als Jesus den Verrat von Judas voraussagt: »Einer von euch wird mich verraten«. Aber Veronese hat sich nur wenig an diese Vorlagen

»Der heilige Markus befreit einen Sklaven«, gemalt von Tintoretto.

gehalten. Er hat ein sehr weltliches Festmahl in Überfluss und Reichtum dargestellt, wie es wohl in dieser Art im reichen Venedig stattfand, mit Dienern, Hofnarren und Soldaten, Trunkenbolden und Tieren: Findet ihr die Katze im Bild? Aber auch die Apostel auf dem Gemälde scheinen sich der Bedeutung des letzten Abendmahls nicht bewusst. Die meisten achten gar nicht auf Jesus. Der heilige Petrus zum Beispiel zerteilt sorgfältig ein Stück Lamm, ein anderer Apostel stochert mit einer kleinen Gabel in seinen Zähnen. Eine solche Darstellung des letzten Abendmahls gefiel vor allem den Kirchenmännern nicht. Der Künstler musste sich dafür sogar vor Gericht verantworten. Veronese verteidigte sich sehr geschickt: Denn als er aufgefordert wurde, das Bild gemäß den Überlieferungen zu verbessern, änderte er einfach den Bildtitel und nannte das Gemälde nun »Gastmahl im Haus des Levi«. Damit konnte er alle zufrieden stellen, denn nach der Beschreibung im Neuen Testament hielt Jesus das Gastmahl im Haus des Levi zusammen mit reichen Pharisäern und Zöllnern ab. Die fürstliche Aufmachung war damit gerechtfertigt.

Ebenfalls in Saal 10 hängt das Gemälde »Der heilige Markus befreit einen Sklaven«. **Jacopo Tintoretto** hat es in den Jahren 1547–48 geschaffen. Es stellt eine der vielen Legenden dar, die es über den Schutzheiligen von Venedig gibt. Der Sklave eines französischen Adeligen hatte sich zum Grab des heiligen Markus in Venedig begeben, um dort zu beten. Da er dies ohne Erlaubnis seines Herrn tat, wurde er nach seiner Rückkehr nach Hause zum Tod verurteilt. Auf dem Bild seht ihr, wie der Sklave auf dem Boden liegt. Ihm sollen die Augen ausgestochen, die Füße abgehackt und der Mund zertrümmert werden. Da kommt der heilige Markus mit dem Evangelium unter dem Arm aus der Luft angesaust und zerstört alle Folterwerkzeuge. Der Diener ist gerettet!

Auf dem Bild »Der reiche Schwelger« von **Bonifacio Veronese** im Saal 11 bekommt ihr einen Eindruck davon, wie gut es sich die venezianischen Adeligen in ihren Landhäusern im Hinterland Venedigs gehen ließen. Der Maler zeigt euch mit seinem Gemälde aus dem 16. Jahrhundert aber auch, wie geizig die Reichen oft waren. Obwohl es ihnen an nichts fehlt und sie in Saus und Braus leben, sind sie nicht bereit, dem armen Lazarus eine Spende zu geben!

Die Gemälde in Saal 17 schildern Venedig im 18. Jahrhundert. Der Maler **Canaletto** zeigt in seinen Bildern Ansichten von Venedig so genau, dass man meint, es handle sich um Fotografien. Von diesem Künstler ist hier das Gemälde »Perspektive mit Portikus« (1765) ausgestellt. Den Maler **Pietro Longhi** hingegen interessierte das Alltagsleben der Venezianer: wie sie sich kleideten, wie sie feierten und welche Spiele sie bevorzugten. Auf seinem Bild »Die Tanzstunde« aus dem 18. Jahrhundert seht ihr ein Mädchen beim Ballett-Unterricht. Unter der Aufsicht einer älteren Frau, vielleicht einer Verwandten, bringt ihr ein Lehrer Tanzschritte bei.

Im Jahre 1369 kamen die Mönche der Kirche San Giovanni Evangelista in den Besitz einer sehr wertvollen Reliquie. Vom Königreich Zypern erhielten sie einen Splitter jenes Kreuzes zum Geschenk, an dem Jesus Christus gekreuzigt wurde. Später stellten die Mönche diesen Kreuzsplitter in ihrer »Schule« aus. Sie beauftragten berühmte venezianische Künstler, mit einer Reihe von Gemälden die Wunder, die der »heilige Splitter« verursachte, darzustellen. Von den zehn Bildern, die für die »Scuola« im 16. Jahrhundert gemalt wurden, befinden sich acht in der »Accademia«.

In Saal 20 ist das Gemälde »Das Wunder des Kreuzes an der Brücke von San Lorenzo« von **Gentile Bellini** zu sehen. Das Geschehen auf dem Bild erklärt sich folgendermaßen: Während einer Prozession gab es ein solches Gedränge, dass das Gefäß mit der kostbaren Reliquie ins Wasser fiel. Die Venezianer versuchten vergeblich, den Kreuzsplitter wieder herauszuholen. Ihr seht die blassfarbenen »Schwimmer« im Bild? Erst der Vorsteher der »Schule von San Giovanni Evangelista« schaffte es, die Reliquie aus dem Kanal zu fischen. Unter den Zuschauern gibt es welche, die euch bekannt sind. Zum Beispiel Caterina Corner, die »Königin von Zypern«, die mit den Frauen ihres Hofstaates unten links abgebildet ist. Oder der Maler Gentile Bellini: er hat sich am unteren Bildrand rechts dargestellt und befindet sich in Begleitung von vier Männern, alle wahrscheinlich Mitglieder der Familie Bellini.

Auf dem Bild »Prozession auf dem Markusplatz« hat Gentile Bellini eine Prozession am 25. April, dem Feiertag des heiligen Markus, festgehalten. Die Mitglieder der »Scuola San Giovanni Evangelista« haben sich auf dem Markusplatz versammelt. Stolz tragen sie, unter einem Baldachin, ihre wertvolle Kreuzreliquie in einem reich verzierten, goldenen Reliquienschrein. Eine Menge Zuschauer haben sich auf dem Platz eingefunden: Auf der Terrasse der Markuskirche und des Dogenpalastes stehen Adelige, und in der Bildmitte schauen drei deutsche Kaufleute in kurzen Mänteln dem Geschehen zu. Aber nicht alle scheint die Prozession zu interessieren: Eine vornehme Venezianerin, links im Bild, nähert sich der Markuskirche, ohne sich nach dem festlichen Geschehen umzublicken, und der Bettlerin an der Kirchentür geht es nur darum, eine kleine Spende zu bekommen. Dieses Gemälde hat Gentile Bellini im Jahr 1496 gemalt. Es ist die älteste wirklichkeitsgetreue Abbildung des Markusplatzes. *(Das Bild seht ihr auf S.31 abgebildet).*

In Saal 21 erzählen euch die Gemälde eine Geschichte in verschiedenen Szenen. Diesmal lernt ihr das Leben der heiligen Ursula kennen, einer Märtyrerin *(s. Begriffserklärungen)*. Der König der Bretagne, ein Christ, hatte eine Tochter namens Ursula. Diese Prinzessin war so schön und klug, dass der König von England sie als Braut für seinen Sohn ins Auge gefasst hatte. Der Vater Ursulas aber zögerte. Er wollte seine Tochter nicht mit einem Nicht-Christen verheiraten. Aber Ursula machte folgenden Vorschlag: Sie würde den englischen Königssohn heiraten, wenn er sich taufen ließe und sie gemeinsam nach Rom pilgerten. Der Vater von Ursula und auch der englische König willigten ein. Das frisch verheiratete Ehepaar reiste in Begleitung von 11.000 Jungfrauen zum Papst nach Rom. Auf ihrem Rückweg kam Ursula mit ihrem Gefolge nach Köln. Dort wurden sie von kriegerischen Hunnen gefangen genommen und gefoltert. Der König der Hunnen tötete den Ehemann von Ursula und verlangte, dass Ursula seine Frau werde. Als Ursula ablehnte, wurde sie von einem Pfeil getötet.

Vittore Carpaccio hat insgesamt neun Bilder über die Lebensgeschichte der heiligen Ursula gemalt. Das Gemälde »Der Traum der heiligen Ursula« entstand im Jahr 1496. Darauf seht ihr die schlafende Ursula.
Sie hat einen Traum, in dem ihr ein Engel erscheint. Dieser sagt ihr die bevorstehenden Folterqualen durch die Hunnen voraus. Auf dem Bild tritt der Engel gerade durch die Tür in das Schlafzimmer von Ursula. In der Hand trägt er einen Palmzweig, der darauf hinweist, dass Ursula als Märtyrerin den Tod finden wird.

Im letzten Saal der »Accademia«, dem Saal 24, befindet sich ein Gemälde, das sicher zu den berühmtesten des Museums zählt. Es wurde von **Tizian** zwischen 1534–1539 für den Herbergssaal der »Schule von Santa Maria della Carità« gemalt. Das Bild stellt die Jungfrau Maria dar, als sie sich im Alter von drei Jahren in den Tempel begibt, um dort als Tempeljungfrau zu dienen. Auf dem Gemälde von Tizian steigt die heilige Maria die Treppe zum Tempel nach oben und ersucht um Einlass. Angeblich soll Tizian als Modell für Maria ein wirkliches Ereignis als Vorbild genommen haben. Er hatte ein Mädchen beobachtet, das um eine Spende bei der »Scuola Grande di Santa Maria della Carità« bat. Die Mitglieder der »Großen Schule der heiligen barmherzigen Maria« waren bekannt für ihre Mildtätigkeit und kümmerten sich vor allem um arme, verwaiste und ausgesetzte Kinder in Venedig.

Im Palazzo Venier dei Leoni am Canal Grande befindet sich die **Collezione Guggenheim** (Dorsoduro 701, Palazzo Venier dei Leoni; Tel. 041-24 05 411; Öffnungszeiten: tägl. 10–18 Uhr). Peggy Guggenheim war die Tochter eines reichen amerikanischen Industriellen und liebte die moderne Kunst. Ihr ganzes Leben lang hat sie Gemälde, Skulpturen und Kunstobjekte des 20. Jahrhunderts gesammelt. In den Räumen des Palazzo könnt ihr etwa 200 Werke der größten Künstler der Moderne bewundern, darunter Bilder von Picasso, Kandins- 6 ky, Klee, Ernst, Dalì, Magritte und Mirò. Besonders schön ist der Skulpturengarten mit Plastiken von Henry Moore und Alberto Giacometti.

3 Die **Pinacoteca Querini-Stampalia** (Castello 4778, Santa Maria Formosa; Tel. 041-27 11 411; Öffnungszeiten: Di.-So. 10-18; Fr. und Sa. bis 22 Uhr) zeigt euch eine Auswahl aus 400 Jahren venezianischer Kunst. In den 20 Räumen sind Gemälde von Giovanni Bellini, Palma il Vecchio, Bernardo Strozzi und Giovanni Battista Tiepolo ausgestellt. Die 30 Bilder von Pietro Longhi geben einen aufregenden Einblick in das Venedig des 18. Jahrhunderts. Der Künstler hat dabei Augenblicke aus dem Leben der reichen Adeligen, aber auch Jagdszenen in der Lagune und bunte Karnevalsumzüge festgehalten. Auf Prozessionen und Feierlichkeiten hatte sich auch der venezianische Maler Gabriele Bella spezialisiert. Von ihm gibt es in der Pinacoteca zahlreiche Gemälde, auf denen Feste, Stierkämpfe und Regatten abgebildet sind.

Das **Museo Storico Navale** (Castello, Riva S. Bisio 2148; Tel. 041-5 20 02 76; Öffnungszeiten: Mo.-Sa. 8.45-13 Uhr) ist das Schiffsmuseum von Venedig. Die zwei riesigen Anker am Eingang des Museums geben einen Hinweis darauf, was euch in den 42 Sälen erwartet: Venezianische Schiffsmodelle jeder Größe und Art, eine reichhaltige Sammlung von Instrumenten für die Seefahrt, Waffen und Trophäen aus Seeschlachten sowie Gemälde, Zeichnungen und Fotos vieler venezianischer Boote und Schiffe. Das Schmückstück des »Museo Storico Navale« ist das Modell des Prunkschiffes des Dogen: des »Bucintoro«. Dieses Modell zeigt den letzten Bucintoro in der Geschichte der Venezianischen Republik (das Original wurde von Napoleons Truppen zerstört). Es ist das prächtigste Schiff, das je in Venedig gebaut wurde. Der »Bucintoro« war die persönliche Galeere des Dogen. Die Außenwände waren mit Gold verziert und das Schiff war mit zahlreichen vergoldeten Statuen geschmückt. Am Bug erkennt ihr die Gallionsfiguren der »Bucintoro«: die vergoldete Justitia, die Göttin der Gerechtigkeit, und daneben den geflügelten Markuslöwen. Der Doge selbst hielt sich unter einem roten Samtdach in der Mitte des Schiffes auf. Um die riesige, 35 Meter lange Prachtgaleere in Bewegung zu bringen, mussten 168 Ruderer in die Riemen greifen. Der »Bucintoro« lief vor allem bei Seeprozessionen und Regatten aus. Er sollte allen Besuchern zeigen, wie wohlhabend und mächtig Venedig war. Keine andere Stadt konnte sich ein so reich ausgestattetes Schiff leisten. Neben dem »Bucintoro« befinden sich im »Museo Navale« auch Nachbauten der berühmten venezianischen Kriegsgaleeren. Wer sich dafür interessiert, wie die Venezianer ihre Boote und Schiffe bauten, sollte in den zweiten Stock des Museums gehen. Dort zeigen Schiffsmodelle, wie sich die Schiffsbautechnik vom 16. bis ins 20. Jahrhundert entwickelte. Schließlich ist im dritten Stock des Museums noch eine tolle Sammlung venezianischer Boote und Gondeln ausgestellt. Im vierten und letzten Stockwerk gibt es Muscheln in allen Formen, Farben und Größen zu sehen.

Das **Museo della Scuola di San Giorgio degli Schiavoni** (Castello, Calle dei Furlani 3259/a; Tel. 041-5 22 88 28; Öffnungszeiten: Di.-Sa. 10-12.30/15.30-18 Uhr, So. 10-12.30 Uhr) ist eigentlich die »Schule« der dalmatinischen Gemeinde in Venedig. Die Dalmatiner waren als Seeleute, Händler und Handwerker tätig und gehörten zu den ersten Ausländern, die sich in der Lagunenstadt niederließen. Im Jahr 1451 errichteten sie die »Schule des heiligen Georg«, die »Scuola di San Giorgio«. Den Versammlungsraum schmückten sie prächtig: An den Wänden hängen Gemälde, auf denen ihre bevorzugten Heiligen, der heilige Georg, der heilige Tryphon und der heilige Hieronymus, abgebildet sind.

Der Künstler Vittore Carpaccio bekam den Auftrag und malte mit seinen Helfern zwischen 1502 und 1508 insgesamt neun Bilder. Auf den Gemälden sind Szenen aus dem Leben der Heiligen dargestellt: der heilige Georg als Drachentöter, und wie er das Königspaar von Libyen zu Christen tauft (die Lebensgeschichte des heiligen Georg könnt ihr im 3. Rundgang nachlesen!); der heilige Tryphon, wie er tapfer eine Königstochter von einem kleinen Teufel befreit; und der heilige Hieronymus, der einen verletzten Löwen ins Kloster führt. Dieser Löwe tauchte eines Tages vor dem Kloster in Bethlehem auf, in dem der heilige Hieronymus lebte. Während alle Mönche vor dem Löwen flohen, ging Hieronymus dem Tier entgegen und erkannte, dass der Löwen von Schmerzen geplagt wurde. Ein Dorn steckte in seiner Tatze. Auf dem Gemälde versucht Hieronymus gerade, die Ordensbrüder zu überzeugen, dass der Löwe dringend Hilfe brauche. Doch die Mönche rennen vor lauter Angst in alle Himmelsrichtungen davon und vergessen dabei, dass sie als gute Christen eigentlich auch Not leidenden Tieren helfen müssen. Verwundert und ein wenig traurig verfolgt Hieronymus das Geschehen. Ihm bleibt nichts anderes übrig, als den Löwen allein ins Kloster zu führen und zu versorgen. Es dauerte aber nicht lange, und die Mönche schlossen Freundschaft mit dem geheilten Löwen. Sie gewannen ihn so lieb, dass er als Haustier für immer im Kloster bleiben konnte.

Die **Galleria Giorgio Franchetti** 9 (Cannaregio, Calle della Cà d'Oro 3932; Tel. 041-5 22 23 49; Öffnungszeiten: Di.-So. 8.15-19.15 Uhr, Mo. 8.15-14 Uhr) befindet sich in der Cà d'Oro, dem schönsten Palast am Canal Grande. Auf zwei Stockwerke verteilt könnt ihr dort eine reichhaltige Kunstsammlung mit vielen Meisterwerken bewundern. Das »Doppelbildnis eines jungen Paares« von Tullio Lombardo, der »Heilige Sebastian« von Andrea Mantegna, die »Venus vor dem Spiegel« von Tizian, und das »Portrait eines Edelmannes« von Antonis van Dyck sind die herausragenden Werke dieser Sammlung.

In den Räumen des **Museo Correr** (Piazza San Marco 52; Tel. 041-24 05 211; Öffnungszeiten: täglich, von April bis 1. November 9-19 Uhr, ansonsten 9-17 Uhr) könnt ihr

Der heilige Hieronymus und der Löwe

euch über die Kunst im Venedig des 16. und 17. Jahrhunderts informieren. In dem riesigen Museum gibt es einfach alles, was mit Venedigs glorreicher Vergangenheit zu tun hat: Karten und Pläne mit frühen Darstellungen der Lagunenstadt (Saal 14), alte Münzen und Werkzeuge (Saal 11 sowie Saal 48 - 51), eine Waffensammlung, Ritterrüstungen, Pistolen und Kanonen (Saal 15 - 18), aber auch Gemälde und Zeichnungen von Festen und Spielen (Saal 46 sowie Saal 52 - 53). Des Weiteren sind in den so genannten »Dogen-Sälen« (Saal 6 - 7) zahlreiche Dogenporträts sowie Amtstrachten der Dogen (mit den berühmten Dogenmützen) ausgestellt.

Der zweite Stock des **Museo Correr** ist der venezianischen Malerei von ihren Anfängen bis zur Renaissance vorbehalten. Von den hier versammelten zahlreichen Gemälden sind zwei weltberühmt: »Der tote Christus wird von zwei Engeln gestützt« von Giovanni Bellini in Saal 36 und »Zwei venezianische Damen« von Vittore Carpaccio in Saal 38.

Wie hat denn eigentlich ein venezianischer Familienpalast im 18. Jahrhundert von innen ausgesehen? Um das zu erfahren, gibt es keine bessere Adresse als die **Cà Rezzonico**. In den Räumen und Sälen des Palastes hat sich das **Museo del Settecento Veneziano**, 8 das Museum des venezianischen 18. Jahrhunderts, (Dorsoduro, San Barnaba 3136; Tel. 041-2 41 01 00; Öffnungszeiten: täglich, 10 - 18 Uhr) eingerichtet. Der Ballsaal im ersten Stock ist mit riesigen Kronleuchtern sowie Fresken von Giovanni Battista Tiepolo prächtig ausgestattet. Die Zimmer des zweiten Obergeschosses sind noch genauso eingerichtet wie vor 250 Jahren: an den Wänden teure Seidentapeten und flämische Bildteppiche. Davor stehen wunderschöne Lackmöbel aus China, und überall ist feinstes Porzellan und kunstvolle Keramik zu sehen. Und im luxuriösen Schlafzimmer befindet sich ein Nachtkästchen, das sich aus 58(!) Teilen zusammensetzt. Aber auch auf die Gemälde, die hier ausgestellt sind, solltet ihr einen Blick werfen: auf die kleinen, witzigen Bilder von Pietro Longhi (insbesondere sein »Nashorn« und »Der Brief des Mohren«); auf die Gemälde von Canaletto, der wie mit einem Fotoapparat die venezianischen Paläste und Plätze genauestens wiedergab; und auf das Gemälde »Il mondonuovo« (»Die neue Welt«) von Giovanni Domenico Tiepolo, das eine neugierige Zuschauermenge vor einem Marionettentheater zeigt.

Ikonen *(siehe Begriffserklärungen)* begegnet ihr in vielen Kirchen Venedigs. Aber es gibt in der Stadt auch ein eigenes Ikonen-
4 Museum, das **Museo di Icone** des Griechischen Kulturinstituts (Castello 3412, Scuola di San Nicolò dei Greci/Ponte dei Greci; Tel. 041-5 22 65 81; Öffnungszeiten: Mo.-Sa. 9-12.30/13.30-16.30 Uhr, So. 10-17 Uhr). Hier sind etwa 100 Ikonen ausgestellt, die Künstler aus dem Byzantinischen Reich, aus Griechenland und Venedig zwischen dem 14. und dem 18. Jahrhundert gemalt haben.

Der heilige Georg als Drachentöter auf dem Plakat des Ikonen-Museums

Interessant ist das **Museo Ebraico** (Cannaregio, Campo del Gheto Nuovo 2902/b; Tel. 041-71 53 59; Öffnungszeiten: von Juni bis 30. Sept. 10-19, ansonsten 10-17.30; Samstag Ruhetag!). In diesem »Museum der Jüdischen Gemeinde« wird euch die Kultur, die religiösen Bräuche und die Lebensweise, der jüdischen Bevölkerung Venedigs gezeigt. Wie gesagt, Venedig ist die Stadt mit dem ältesten Ghetto - wenn ihr euch nicht mehr erinnern könnt, seht im vierten Rundgang der »Kleinen InselTour« nach. Kostbare Stoffe und Stickereien, Leuchten sowie silber- und goldverzierte Schmuckstücke sind hier ausgestellt. Mit Hilfe von vielen Dokumenten wird die Geschichte der Juden in Venedig erzählt. Und wenn ihr etwas nicht versteht, könnt ihr jederzeit einen Museumsangestellten fragen. Der gibt euch gern Auskunft – auch auf Deutsch!

Im **Museo di Torcello** (Isola di Torcello, Piazza di Torcello; Tel. 041-73 07 61; Öffnungszeiten: Di.- So. 10.30 - 16.30 Uhr) werden archäologische Fundstücke aus der Vergangenheit von Torcello gesammelt. Die zahlreichen Grabsteine, Waffen, Münzen und Reste alter Bauten stammen aus der Vor- und Frühgeschichte der Lagune. Auch die Gold- und Silberschätze der gegenüberliegenden Basilika Santa Maria Assunta hat man hierher geschafft.

Auf der »Glasinsel« Murano gibt es ein Museum, das – wie könnte es anders sein – die Geschichte des venezianischen Glases vom 15. Jahrhundert bis heute aufzeigt.
Im **Museo del Vetro di Murano** (Isola di Murano, Fondamenta Giustinian 8; Tel. 041-73 95 86; Öffnungszeiten: Do.- Di., 10 - 16 Uhr) findet ihr über 4000 gläserne Ausstellungsstücke: wertvolles Eis- und Milchglas, Glasperlen, Spiegel, Vasen, Schalen, Mosaikgläser und so weiter, und so fort. Ihr werdet staunen, was alles aus Glas hergestellt werden kann. Zum Beispiel täuschend echte Nachbildungen von Gemüse und Obst – zum Reinbeißen! Die schönsten Stücke des »Glas-Museum« sind die »Blaue Hochzeitsschale« aus dem 15. Jahrhundert, die »Glasschale in Segelschiffform« aus dem 16. Jahrhundert, und die »Fußschale« mit Diamanten aus dem 17. Jahrhundert.

Weitere im Text erwähnte Museen:

Palazzo Ducale / Dogenpalast 2
Piazzetta San Marco; Tel. 041-27 15 911
Öffnungszeiten: täglich 9 - 19 Uhr

Ospedaletto dei Derelitti / Sala della Musica 5
Castello, Barbarie de la Tole 6691
Tel. 041-260 19 74
Öffnungszeiten: Do.- Sa. 15.30 - 18.30 Uhr

Palazzo Labia 12
Cannaregio, San Geremia 275
Tel. 041-78 11 11
Öffnungszeiten: Mi.- Fr. 15 - 16 Uhr, im ehemaligen Palast der reichen Familie Labia ist der Salon mit Fresken von Tiepolo ausgeschmückt.

Museo della Scuola Grande di San Rocco 13
San Polo, Campo San Rocco 3052
Tel. 041-5 23 48 64
Öffnungszeiten: täglich 10–17.30 Uhr, vom 2.11.-28.3. 10–16 Uhr

Museo del Merletto di Burano
Isola di Burano, Piazza Galuppi 184
Tel. 041-73 00 34
Öffnungszeiten: täglich 10 - 16 Uhr

Tipps – Nützliche Informationen

Wer vor seiner Abreise Informationen über Hotels, Museen, Kirchen und Paläste in Venedig haben möchte, der wendet sich am besten an das Büro des Italienischen Fremdenverkehrsamtes (**Ente Nazionale Italiano del Turismo**, kurz **ENIT**) in seinem Heimatland:

Deutschland:
60329 Frankfurt/Main · Kaiserstraße 65
Tel. 069-23 74 34
10117 Berlin · Friedrichstraße 187
Tel. 030-2 47 83 98
80333 München · Lenbachplatz 2
Tel. 089-53 13 17
Österreich:
1010 Wien · Kärntner Ring 4
Tel. 01-5 05 16 30 12
Schweiz:
8001 Zürich · Uraniastrasse 32
Tel. 043-46 640 40

Im Internet findet ihr auf den Seiten des ENIT alles rund um den Urlaub in Italien.
www.enit.de

Vor Ort in den Büros wie auch auf den Internetseiten des **APT** (**Azienda di Promozione Turistica**) bekommt ihr Antworten auf die Fragen, die euren Aufenthalt in der Lagunenstadt speziell betreffen. Büros findet ihr:
1. APT an der Piazzale Roma
(im Erdgeschoss der Parkgarage ASM)
2. APT am Markusplatz
(San Marco, 71/f)
3. APT-Venice Pavillon
(San Marco Giardini ex-Reali, an der Vaporetto-Haltestelle San Marco Giardini)

Infos des APT im Internet (touristische Informationen auf einen Blick, leider nur auf Italienisch und Englisch)
www.turismovenezia.it

Im Netz findet ihr auch unter folgenden Adressen nützliche Informationen über Venedig:
www.comune.venezia.it
(Allgemeines, auf Italienisch)
www.museiciviciveneziani.it
(Infos zu vielen Museen Venedigs)
www.alberghi-venezia.it
(Suchmaschine für Hotels)
www.veniceinfo.it
(Suchmaschine für Hotels und Pensionen)
www.ombra.net
(Restaurant- u. Hoteladressen mit Lageplan)

Feste und Feiertage

Venedig war früher in der ganzen Welt bekannt für seine prunkvollen Feste. Über Jahrhunderte wurde in der Stadt zu den verschiedensten Anlässen gefeiert: bei den Auftritten der Dogen, die wie eine Prozession abliefen; bei Bällen und Empfängen wichtiger Gäste aus dem Ausland; bei Ruder-Wettkämpfen und kirchlichen Feiertagen; oder beim berühmtesten aller venezianischen Feste, dem Karneval. Am Anfang des 15. Jahrhunderts wurden in der Stadt sogar Vereine gegründet, die allein dazu dienten, die zahlreichen Feste zu organisieren. Und noch heute wird in Venedig in jedem Monat mindestens ein großes Fest gefeiert. Die herausragendsten werden im Folgenden kurz beschrieben:

Zu Jahresbeginn stattet die Befana-Hexe Venedig einen Besuch ab. Als arme Frau verkleidet erscheint die Hexe am **6. Januar** zum **Fest der Heiligen drei Könige** auf vielen Plätzen der Stadt. Wie immer bekommen die braven Kinder Süßigkeiten geschenkt. Für die bösen und ungehorsamen dagegen gibt es nur schwarze Kohlestücke. An diesem Tag findet auf dem Canal Grande die »Regata delle Befane«, ein Ruder-Wettkampf zu Ehren der Hexen, statt. Die Ruderer sind als Hexen verkleidet!

Der Monat Februar steht ganz im Zeichen des **Carnevale di Venezia**, des Karnevals von Venedig. Er beginnt etwa 14 Tage vor Aschermittwoch. In den Gassen und auf den Plätzen tummelt sich die Menge, es finden bis Faschingsdienstag Maskenumzüge, Puppentheater-Aufführungen und Paraden statt. Die Buben verkleiden sich als Harlekin, die italienische Ausgabe unseres Kaspers, als Pestdoktor, Teufel oder Tod. Die Mädchen treten gern als Prinzessin, Edeldame oder Dienerin auf. Ansonsten könnt ihr auch als strahlende Sonne, Pinocchio, als Katze, Hänsel oder Gretel erscheinen. Für jede Figur gibt es das passende Kostüm und die geeignete Maske. Masken und Kostüme sind auszuleihen etwa bei: »La Venexiana« in Castello/ Ponte Canonica 4322. Auf dem Markusplatz wird extra ein »Kinder-Karneval« veranstaltet. Dort könnt ihr euch eine witzige Maske auf das Gesicht schminken lassen.

Höhepunkte des »Carnevale« sind am Faschingsdienstag der Maskenball und die Bootsprozession. Unzählige Boote fahren den Canal Grande entlang bis zum Markusplatz. Sie sind mit vielen bunten Lampions und Fackeln geschmückt. Die Leute auf den Booten stecken in fantasievollen Kostümen und tragen tolle Masken. Der Karneval von Venedig endet an diesem Tag auf dem Markusplatz. Nach dem großen Fest wird eine Karnevalspuppe verbrannt. Das abschließende Feuerwerk lässt den Markusplatz und die Bucht von San Marco in einem fantastischen Licht erleuchten.

Den Karneval gibt es in Venedig seit Jahrhunderten. Früher dauerte er sogar fünf(!) Monate, von Anfang Oktober bis Aschermittwoch. Kein Venezianer ließ sich die Gelegenheit zum Feiern und zum Verkleiden entgehen. Vom Dogen über den Pfarrer bis zum Bettler, alle trugen sie Maske und Kostüm. In den Karnevalstagen wollte jeder etwas anderes darstellen: Marktfrauen wurden zu Prinzessinnen, Adelige zu Kaspern, Handwerker zu Doktoren, Bettler zu Königen - und Räuber zu Edelmännern, die ihre Verkleidung dazu nutzten, unbemerkt in Paläste einzudringen und zu stehlen. Die venezianische Regierung war stets in Alarmbereitschaft, was das Tragen von Masken anging, das sie mit Gesetzen und Regeln zu kontrollieren versuchte. Es gab zum Beispiel ein Gesetz, das maskierten Personen verbot, Waffen zu tragen; ein weiteres sollte verhindern, dass Männer als Frauen verkleidet Nonnenklöster betraten.

Im Vergleich zu heute wurde früher in Venedig während der Karnevalstage noch viel ausgelassener und wilder gefeiert. Auf den Plätzen gab es große Feste mit Schweine- und Stierhatzen, Wahrsager, Zauberer und Seiltänzer traten auf. Besonders beliebt waren die Akrobaten, die sich zur »Menschenpyramide« zusammenstellten, und der »Türkenflug« auf dem Markusplatz. Bei diesem Kunststück lief ein Mann auf einem Seil von der Spitze des Glockenturms bis zur Terrasse des Dogenpalastes. Wie so viele andere Feste verbot Napoleon 1797 auch den Karneval. Und so musste Venedig lange Zeit ohne sein berühmtestes Fest bleiben, bis der »Carnevale« 1980 erstmals wieder veranstaltet wurde.

Am zweiten Sonntag im März gibt es in Venedig einen großen Volkslauf. Er führt durch alle sechs Stadtviertel und über unzählige Brücken, deshalb nennen die Venezianer ihn auch »**Su e zu per i ponti**« (»Die Brücken rauf und runter«). Die Teilnehmer starten in der Nähe des Markusplatzes. »Mitmachen ist alles« lautet das Motto, und tatsächlich nehmen viele Venezianer nur zur Gaudi teil. Die Abschlussfeier auf dem Markusplatz findet bei Musik und Tanz und, wie könnte es in Venedig anders sein, mit einem großen Festessen statt.

Das **Fest zu Ehren des heiligen Markus**, des Schutzheiligen von Venedig, wird am 25. April gefeiert. Der heilige Markus soll angeblich Glück in der Liebe bringen, deshalb ist dieser Tag vor allem ein Fest für alle Verliebten. Sie schenken ihrer Freundin oder Ehefrau eine rote Rosenknospe, die an die Geschichte eines venezianischen

Soldaten erinnert. Kurz bevor der Soldat auf dem Schlachtfeld starb, pflückte er, so erzählt man, eine weiße Rosenknospe. Das Blut des Soldaten hat die Knospe rot gefärbt und so aus der weißen eine rote Knospe gemacht. Seine Freunde schickten die Knospe an die Geliebte des Soldaten nach Venedig.

Der Festtag beginnt mit einer feierlichen Prozession auf dem Markusplatz und einem Gottesdienst in der Markuskirche. Am Nachmittag wird bei der »Regata dei Traghetti« auf dem Canal Grande um die Wette gerudert. Das Fest endet mit einem Volksfest auf dem Markusplatz, bei dem die Venezianer riesige Mengen von »risotti«, das sind leckere Reisgerichte, verspeisen.

Die »**Festa della Sensa**« am Sonntag nach Christi Himmelfahrt ist eines der traditionsreichsten Feste von Venedig. Schon seit dem Jahr 1000! wird an diesem Tag die »Vermählung Venedigs mit dem Meer« gefeiert. Der Doge fuhr mit seinem Prachtschiff, dem Bucintoro, in die Nähe der Lido-Insel und warf dort einen Ring ins Lagunenmeer. Er sprach die Worte: »Wir verloben uns mit dir, als unserem Meere, zum Zeichen wahrhafter und ewiger Herrschaft über dich!« Das Meer wurde auf diese Weise zur Ehefrau des Dogen und damit Venedigs. Dann ruderte man die Schiffe ans Ufer des Lido und feierte in der Kirche San Nicolò del Lido Gottesdienst. Anschließend gab es ein Festessen im Dogenpalast und die nächsten 15 Tage verwandelte sich der Markusplatz in einen Jahrmarkt mit Buden und Verkaufsständen.
»Die Vermählung mit dem Meer« begeht heutzutage natürlich nicht mehr der Doge, sondern der Bürgermeister. Mit dem Bucintoro (einem Nachbau) begleitet von vielen geschmückten Booten und historischen Schiffen fährt er zum Hafen der Lido-Insel. Dort wirft er einen Lorbeerkranz mit dem Ring ins Meer. Der Festgottesdienst wird weiterhin in der Kirche San Nicolò del Lido gefeiert. Am Nachmittag gibt es dann zwei Regatten, bei denen zum einen die kleinen »caorline«-Boote und zum anderen Gondeln mit vier Rudern um die Wette fahren.

Auch die Ruderer haben in Venedig ihren Marathon. Er nennt sich »**Vogalonga**« (»Langes Rudern«) und findet ebenfalls im Mai am Sonntag nach dem »Sensa-Fest« statt. Ruderer in Booten aller Art machen sich auf eine 32 km lange Strecke. Sie führt zunächst rund um Venedig, dann durch die Lagune bis nach Murano und Burano. Zurück geht es durch den Cannaregio-Kanal und den Canal Grande zum Start- und Zielort Markusplatz. Die männlichen und weiblichen Ruderer legen dabei die gesamte Strecke in der traditionellen venezianischen Rudertechnik, im Stehen, zurück - eine tolle Leistung!

In Jahren mit geraden Jahreszahlen wird Venedig für mehrere Monate zur europäischen Hauptstadt für Moderne Kunst. Von Mitte Juni bis Oktober gibt es eine große Kunstausstellung in der Stadt, die »**Biennale di Venezia**«. Aus aller Welt kommen Künstler, um hier ihre Werke zu zeigen. Vor allem im Stadtteil Castello, aber auch an anderen Orten in der Stadt, sind moderne Gemälde, Skulpturen und sonstige Kunstobjekte zu sehen.

Der 21. Juni ist der »schönste« Tag für die Insel Burano. **Zu Ehren der drei Schutzheiligen von Burano** - Albano, Orso und Domenico - schmücken die Inselbewohner bei diesem **Inselfest** liebevollst ihre Häuser. Auf der Nachbarinsel **Murano** findet am ersten Julisonntag eine **malerische Gondelregatta** statt.

Die »**Festa del Redentore**« feiern die Venezianer am dritten Wochenende im Juli. Die Ursprünge dieses Festes sind euch ja bereits bekannt: Nach dem Ende der verheerenden Pest im Jahr 1576 gelobten der Doge und die venezianische Regierung, Jesus, dem »Redentore« (= »Erlöser«), eine Kirche zu errichten. Sobald die Redentore-Kirche stand, wollten der Doge und sein Gefolge an jedem dritten Sonntag im Juli die Kirche auf einer Wallfahrt besuchen. Damit die Gläubigen die Redentore-Kirche auf der Insel Giudecca zu Fuß erreichen konnten, bauten die Venezianer eine 320 Meter lange Brücke aus vielen aneinander gebundenen Booten. Über eine derartige Brücke, Pontonbrücke genannt, führt bis heute die Prozession des »Redentore«-Festes.

Die »**Festa del Redentore**« beginnt am Samstagabend. Dann fahren die Venezianer mit über 2000 geschmückten und beleuchteten Booten durch den Canale della Giudecca zum Zattere-Kai (»Fondamenta delle Zattere«). Dort wird ausgiebig gegessen und getrunken, vor allem gebratene Ente und gebackene Sardinen. Besonders am Abend, wenn der ganze Kai hell von bunten Lampions erleuchtet ist, und wenn an jeder Ecke Musik erklingt und dazu auf den vielen Booten gesungen wird, herrscht eine tolle Stimmung. Höhepunkt ist das Feuerwerk um Mitternacht über dem Giudecca-Kanal.

Am Sonntag schreiten die Festteilnehmer über die Boot-Brücke zwischen dem Zattere-Kai und der Giudecca-Insel zur Redentore-Kirche. Dabei tragen sie Fackeln und beten den Rosenkranz. Nach dem feierlichen Gottesdienst rudern die Venezianer wieder um die Wette: zum einen die Jugendlichen mit kleinen, schnellen Booten, und zum anderen die besten Gondolieri der Gondeln mit zwei Rudern.

Am 16. August feiern die Venezianer das **Fest zu Ehren des heiligen Rochus**. Das Fest erinnert daran, dass der Doge jedes Jahr am 16. August die Kirche von San Rocco besuchte. Dort richtete er an den

Pestheiligen die Bitte, seine Stadt vor der Pest zu bewahren. Heute spannen die Venezianer ein großes Zelt, das so genannte »Dogen-Zelt«, über den »Campo San Rocco« und veranstalten ein Festessen.

Ende des Monats August beginnt das berühmte **Filmfestival** von Venedig. Regisseure und Schauspieler aus aller Welt kommen auf die Lido-Insel, um ihre neuesten Filme vorzuführen. Als Preise winken natürlich Löwen, ein »goldener« und ein »silberner«.

Die »**Regata Storica**«, die »Historische Regatta«, findet am ersten Sonntag im September statt. Sie ist nicht nur die größte Regatta Venedigs, sondern auch das prächtigste Fest des ganzen Jahres. Die Terrassen und Fenster der Paläste entlang des Canal Grande sind mit vielen bunten Fahnen geschmückt. Auf dem Kanal fahren Gondeln, mit farbigen Stoffen verziert, und historische Boote, darunter auch - als Nachbau - der »Bucintoro«, die Prachtgaleere des Dogen. Die Gondolieri und Ruderer tragen historische Kostüme, und die Passagiere auf den Booten sind als Adelige, Botschafter oder Senatoren verkleidet.

Nach dem historischen Umzug gibt es nicht weniger als 18 verschiedene Ruder-Wettkämpfe. Frauen und Jugendliche, Arbeiter und Angestellte, Profis und Amateure - nahezu jeder aus Venedig und von den umliegenden Laguneninseln will an

diesem Tag beweisen, wie gut er mit dem Ruder umgehen kann. Den Abschluss bildet der Wettkampf der Gondeln mit zwei Rudern. Die besten Gondolieri-Teams treten an, und die Gondeln, jede in einer anderen Farbe, machen sich auf eine sieben Kilometer lange Strecke durch den Canal Grande. Wer hier gewinnt, ist der absolute »König der Gondolieri«!

Überhaupt steht der Monat September ganz im Zeichen der Regatten. Am zweiten Sonntag des Monats beteiligen sich Hunderte von geschmückten Booten an einer **Regatta entlang des Brenta-Kanals**. Mit diesem historischen Umzug soll an den Besuch von Heinrich III. erinnert werden. Der französische König traf im Jahr 1574 den Dogen in Venedig und fuhr damals auch den Brenta-Kanal entlang. Am Festtag stehen auf den Fensterbänken der Häuser und Paläste am Kanal farbenprächtige Blumen, deshalb hat man diesem Fest auch den Namen »Riviera Fiorita« (»Blühendes Ufer«) gegeben.

Am dritten Sonntag im September schließlich finden auf den **Inseln Burano** und **Murano** weitere Ruder-Wettkämpfe statt.

Die historische Regatta von Burano ist besonders wegen des anschließenden Fisch- und Polentaessens ein Genuss!

Im Oktober wird an einem Sonntag des Monats einer der schönsten **Marathonläufe** der Welt veranstaltet. Die Strecke führt entlang des Brenta-Kanals vorbei an herrlichen Villen bis nach Venedig und endet am Markusplatz.

Ein für die Kinder von Venedig sehr wichtiges Fest ist das **Sankt-Martins-Fest** am 11. November. Zu Ehren des heiligen Martin gehen die venezianischen Kinder von Haus zu Haus und singen das Martinslied. Als Musikinstrumente benutzen sie Töpfe und Pfannen und machen damit einen Höllenlärm. Nach einem kleinen Spruch bekommen die Kinder von den Venezianern Geschenke überreicht. Lasst euch die leckeren Plätzchen mit einem Bild des heiligen Martin auf seinem Pferd nicht entgehen - die gibt's an diesem Tag in jeder Bäckerei zu kaufen!

Die »**Festa della Madonna della Salute**« am 21. November erinnert wiederum an eine Pestepidemie. Nachdem die schreckliche Krankheit im Jahr 1630 zu Ende war, versprach der Doge wieder eine Kirche. Diesmal wurde zum Gedenken an die vielen toten Venezianer die Kirche Santa Maria della Salute errichtet. Wie beim »Redentore-Fest« wird auch hier eine Brücke aus Booten gebaut. Sie führt über den Canal Grande. So gelangen die Gläubigen zur Salute-Kirche. Die Kirche ist an diesem Tag von Tausenden von Kerzen beleuchtet und viele bunte Luftballons schmücken ihre Fassade. Die Leckermäuler unter euch können sich auf »fritelle«, das sind süße, mit Rosinen gefüllte Hefekuchen, freuen. Sie werden an diesem Tag vor der Kirche angeboten.

Im Dezember ist Weihnachtszeit. Nur ganz wenige Kirchen gibt es auf der Welt, wo der Weihnachtsgottesdienst in einer solch beeindruckenden Stimmung wie in der Markuskirche stattfindet. Die **Weihnachts-Gottesdienste** am 25. und 26. Dezember in der »Basilica di San Marco« sind ein unvergessliches Erlebnis!

Freizeit

Shopping

Venedig sollte man auf keinen Fall ohne wenigstens ein kleines Mitbringsel und ein Souvenir verlassen. Wie wär's mit Krebsen aus Glas, schön verziertem Marmorpapier, einer bunten Harlekin-Maske oder einem detailgenauen Schiffsmodell aus Holz? Das alles könnt ihr in der Stadt finden. Hier ein paar gute Tipps:

Glas

Glasminiaturen von Antilopen zum Zebra; wunderschöne Insekten: z. B. Spinnen, Bienen, Ameisen, findet ihr bei:

Ars Cenedese Murano 1
(San Marco, Piazza San Marco 40/41): Glasfische, die man nicht füttern muss

Costantini (San Marco, Calle Zagurì 2627): feine Glasperlen

Glashandmade
(San Marco, Calle della Mandola 3728): Glas-Mosaiksteine in allen Farben, werden nach Gewicht verkauft

Marmorpapier

Karisma 2
(San Polo, Calle Saoneri 2752): Briefbögen so schön wie Gemälde

Legatoria Piazzesi 3
(San Marco, Campiello della Feltrina 2511): hier könnt ihr bei der Herstellung zugucken

Masken und Kostüme

Il Gatto Matto (Dorsoduro 3856, bei Cà Foscari): Marionetten, Masken und anderes aus Pappmaché; der Künstler lässt sich bei der Arbeit zugucken

Cà del Sol 4
(Castello, Fondamenta dell'Osmarin 4964): viele strahlende Sonnenmasken

Laboratorio Artigiano Maschere 5
(Castello, Barbaria delle Tole 6657): historische Masken

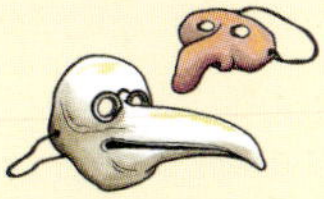

Mondonovo 6
(Dorsoduro, Ponte dei Pugni 3063): Masken aller Art

La Venexiana 7 (Castello, Ponte Canonica 4322): orginelle Masken, Kostümverleih

Il Prato (San Marco, Frezzeria 1770): außer Masken auch Kostümverleih

Schiffsmodelle

La Bottega Artigiana Meza 8
(Dorsoduro, Calle del Cappeller 3215): kleine Modelle aus Holz, bis ins kleinste Detail den großen Schiffen nachgebildet

Spielzeug und Puzzles

Signor Blum 9 (Dorsoduro, Fondamenta Gherardini 2840): Paläste als Puzzles, handbemaltes Spielzeug

Da Molin 10 (Cannaregio, Ponte San Giovanni Crisostomo 5899): Spiele für jedes Alter

Puppen

Trilly 11 (Castello, Fondamenta dell' Osmarin 4974): in Handarbeit hergestellte Puppen

Beatrice Perini 12 (San Polo, Calle di Mezzo 142): Puppen in allen Größen

Unterkünfte – Hotels und Pensionen, privat und kirchlich

In Venedig gibt es etwa 200 Beherbergungsbetriebe. Von Luxushotels bis zu kleinen, romantisch an Kanälen gelegenen Pensionen ist für jeden Geschmack und in jeder Preislage etwas dabei. Allerdings: Übernachten in Venedig ist nicht unbedingt preiswert, aber dennoch: Es lohnt sich! Denn so kann man von früh bis abends Venedig genießen. Im Folgenden findet ihr einige Adressen empfehlenswerter Hotels und Pensionen, privater Unterkünfte, kirchlicher Einrichtungen oder der Jungendherberge. Sie alle liegen »verkehrsgünstig« für eure Touren durch Venedig

Anbei ein Rat: Wer in Ferienzeiten nach Venedig reisen möchte, der sollte einige Monate vorher buchen - 12 Mio. Touristen strömen jährlich zu einem Besuch in die Lagunenstadt!

Informationen zu Unterkunftsmöglichkeiten in Venedig bieten folgende Adressen:

Associazione Veneziana Albergatori
Cannaregio 3829, 30131 Venezia
(Tel. 0039-041-52 22 264
Internet: www.veneziasi.it)

Azienda di Promozione Turistica di Venezia (Tel. 0039-041- 52 98 711
Fax 0039-041-52 98 700
Internet: www.turismovenezia.it)

Hotels und Pensionen

Hier einige Hotel-Tipps, geordnet nach Preis- und Ausstattungs-Kategorien; Peise zwischen 50 und 130 Euro etwa pro Person, je nach Saison

★★ 2-STERNE-HOTELS

Casa Fontana
Castello, Campo San Provolo 4701
Tel. 041-5 22 05 79 · Fax 041-5 23 10 40
schöne Zimmer, hilfsbereite Familie

La Residenza
Castello, Campo Bandiera e Moro 3608
Tel. 041-5 28 53 15 · Fax 041-5 23 88 59
schön renovierter Patrizierpalast

Messner
Dorsoduro, Madonna della Salute 216
Tel. 041-5 22 74 43 · Fax 041-5 22 72 66
familiäre Atmosphäre, gemütlicher Garten; ideal für Familien

Wildner
Castello, Riva degli Schiavoni 4161
Tel. 041-5227463 · Fax 041-5 26 56 15
einfach, aber komfortabel; mit schöner Aussicht

Agli Alboretti
Dorsoduro, Rio Terrà Foscarini 884
Tel. 041-5 23 00 58 · Fax 041-5 21 01 58
mit wunderschönem Garten

★★★ 3-STERNE-HOTELS

Flora
San Marco, Calle Bergamaschi 2283/A
Tel. 041-5 20 58 44 · Fax 041-5 22 82 17
traumhafter Innenhof. komfortabel

Do Pozzi
San Marco, Corte do Pozzi 2373
Tel. 041-5 20 78 55 · Fax 041-5 22 94 13
an ruhigem Hof

La Fenice et des Artistes
San Marco, Campiello della Fenice 1936
Tel. 041-5 23 23 33 · Fax 041-5 20 37 21
mit zwei malerischen Innenhöfen

Santo Stefano
San Marco, Campo Santo Stefano 2957
Tel. 041-5200166 · Fax 041-5224460
kleine, aber geschmackvoll möblierte Räume

Novecento
San Marco, Campo San Maurizio 2683/84
Tel. 041-2 41 37 65
Fax 041-5 21 21 45
liebevoll gestaltetes Hotel, neun individuell eingerichtete Zimmer, nahe am Canal Grande

Aaccademia-Villa Maravegie
Dorsoduro, Fondamenta Bollani 1058
Tel. 041-5 21 01 88 · Fax 041-5 23 91 52
Villa aus dem 17. Jahrhundert, mit Blick auf den Canal Grande

Pausania
Dorsoduro, Fondamenta Gherardini/Campo San Barnaba 2824
Tel. 041-5 22 20 83 · Fax 041-5 22 29 89
Palazzo mit schöner Lage direkt am Kanal

Locanda San Barnaba
Dorsoduro, Calle del Traghetto 2785-2786;
Tel. 041-2 41 1 233
schön ausgestatteter alter Palazzo; günstige Lage

American
Dorsoduro, San Vio 628
Tel. 041-5 20 47 33 · Fax 041-5 20 40 48
sympathisches, kleines Hotel

San Cassiano / Cà Favretto
Santa Croce, Calle della Rosa 2232
Tel. 041-5 24 17 68 · Fax 041-72 10 33
direkt am Canal Grande, fast alle Zimmer mit Kanalblick

Malibran
Cannaregio, Corte del Milion 5464
Tel. 041-5 22 80 28 · Fax 041-5 23 92 43
nahe Marco-Polo-Geburtshaus; Halbpension möglich

Campiello
Castello, San Zaccaria 4647
Tel. 041-5 20 57 64 · Fax 041-5 2 05 798
einfaches, gemütliches Hotel

La Calcina
Dorsoduro, Zattere 780
Tel. 041-5 20 64 66 · Fax 041-5 22 70 45
gemütliche, einfache Pension; direkt an Zattere

Private Appartements und Zimmer

sind um Etliches preiswerter, aber durchaus komfortabel.
Ihr könnt reservieren bei:

BED & BREAKFAST ITALIA
Unterkunft in Einzelzimmern oder Mini-Appartements bei Familien, mit Frühstück (günstige Preise):
Internet: www.bedandbreakfast.it

VACANZE IN FAMIGLIA
auch hier Bed & Breakfast
Internet: www.vacanzeinfamiglia.it (englische Seite)

DOLCE CASA
Unterbringung bei Familien
Internet: www.dolcecasa.it

Kirchliche Einrichtungen / Klöster

ISTITUTO CILIOTA
San Marco, Calle delle Muneghe 2976
Tel. 041-5 20 48 88 · Fax 041-52 127 30
ehemals Kloster, 51 Zimmer, gut ausgestattet; www.ciliota.it

SANTA FOSCA
Cannaregio, Campo Santa Fosca 2372;
Tel./Fax 041-71 57 75
Doppel- und Mehrbett-Zimmer, mit Küche; www.santafosca.com

DOMUS CAVANIS
Dorsoduro, Accademia 896
Tel. 041-52 28 505
sehr einfache Zimmer

CASA CABURLOTTO
Santa Croce, 316
Tel. 041-71 08 75 · Fax 041-71 08 55
für Jugendliche und Gruppen

Jugendherberge

OSTELLO DI VENEZIA
Giudecca, Fondamenta Zitelle 86
Tel. 041-5 23 82 11 · Fax 041-5 23 56 89
offizielle Jugendherberge, mit 260 Betten, Öffnungszeiten: 9 – 23 Uhr

Essen in Venedig

Die Essgewohnheiten der Venezianer sind denen, die man anderswo in Italien antrifft, ähnlich: Zum Frühstück (»colazione«) geht man in seine Lieblingsbar, meist gleich in der Nähe der Wohnung oder des Arbeitsplatzes. Capuccino und eine »Brioche« (das ist ein Butterhörnchen mit oder ohne Marmelade, Vanillecreme und Mandelfüllung), ab und zu einen frisch gepressten Fruchtsaft (»spremuta«) - damit ist der morgendliche Hunger für Venezianer erst einmal gestillt. Das Mittagessen (»pranzo«) gestaltet sich mehr oder weniger aufwändig, je nachdem, wie viel Zeit einem zur Verfügung steht: entweder ein schnelles Häppchen in der Bar, das heißt ein mit Tomaten, Mozzarella, Thunfisch oder Krabben belegtes Weißbrot oder Toastbrot (»cicchetti« oder »tramezzini«) oder das Tagesmenu in der nächsten Osteria, vielleicht ein Teller Pasta zuhause. So richtig gemütlich essen die Venezianer erst am Abend. Die »cena«, wie das Abendessen auf Italienisch heißt, mit Vor-, Haupt- und Nachspeise ist meist sehr ausgedehnt.

Die venezianische Küche ist berühmt für die hervorragende Zubereitung von Fisch und Meeresfrüchten.

In einer Stadt mitten im Meer essen die Bewohner - wie könnte es anders sein - natürlich Fische und Meeresfrüchte am liebsten. In Venedig ist die Auswahl an Fischen, Muscheln und sonstigen Meerestieren riesig. Als erste Orientierungshilfe für euch hier ein kleines

»FISCHLEXIKON«

Cozze Miesmuscheln
Vongole Venusmuscheln
Sogliola Seezunge, Scholle
Coda di Rospo Seeteufel
Triglia Rotbarbe
Cefalo Meeräsche
Gamberi Krebse
Calamari Tintenfische
Polpi Kraken
Acciughe Sardellen
Branzino Wolfsbarsch
Orata Goldbrasse
San Pietro Petersfisch

TYPISCH VENEZIANISCHE FISCHGERICHTE SIND:

Canochie
Heuschreckenkrebse,
schmecken sehr gut mit Spaghetti

Baccalà
Stockfisch, gebraten, gekocht oder als Ragout; Spezialität »bacalà mantecato« (schaumig geschlagenes Stockfisch-Püree, wird mit Polenta, einem feinen Maisbrei, serviert)

Bisato
so heißt der Aal im venezianischen Dialekt; es gibt unzählige Zubereitungsarten: als Antipasto (= Vorspeise), Risotto (= Reisgericht) oder als Hauptgericht

Fisch-Carpaccio
hauchdünn geschnittene Stücke vom Thunfisch oder Schwertfisch

Polpetti
kleine, gekochte Kraken, mit Zitronensaft, Olivenöl, Petersilie gewürzt

Granceola
gekochte Meerspinne, mit Pfeffer, Öl und Zitrone gewürzt

Risotto Nero
Risotto (= Reisgericht) mit Tintenfischen (schwarze Farbe wegen der Tinte!)

Sarde in Saor
Gebratene Sardinen mit sauren Zwiebeln, Rosinen und Pinienkernen, schmecken süßsauer und werden zumeist als kalte Vorspeise oder zwischendurch gegessen

Seppie al Nero
zarte Tintenfischchen, gegart in eigener Tinte (sehen seltsam aus, schmecken aber umso besser!); werden mit Polenta serviert

Brodetto di Pesce
Fischsuppe aus Meeresfischen, Zwiebeln, Tomaten, Weißwein, Petersilie und Lorbeer

Wer Fisch und andere Meerestiere nicht so gern mag, kann sich mit Fleischgerichten trösten. Dazu wird gebackenes oder gegrilltes Gemüse oder Polenta (ein feiner Maisbrei) serviert. Nudeln gibt es in allen Variationen und mit unzähligen Beilagen und Soßen. Bekannt ist Venedig aber für seine Reisgerichte, die »risotti«. Durch den Handel mit dem Orient war Reis als Nahrungsmittel für die Venezianer schon früh bekannt. Noch ein nützlicher Hinweis: Überall, wo »alla veneziana« steht, wird mit Zwiebeln gekocht. Das macht man in Venedig seit Jahrhunderten, unter anderem auch, um Seuchen und Krankheiten zu bekämpfen. Die Zwiebel wirkt heilend, hilft vor allem bei Entzündungen.

Ristoranti / Trattorie / Osterie

Diese Bezeichnungen sind Begriffe für Restaurants und Gaststätten. Folgende Adressen sind einen Besuch wert!

RUNDGANG SAN MARCO

Aciugheta 1
Castello, Campo SS. Filippo e Giacomo 4357; Tel. 041-5 22 42 92
Trattoria mit guter Pizza, Pasta und einfachen Fischgerichten

Alla Rivetta 2
Castello, Ponte di San Provolo 4625
Tel. 041-5 28 73 02
Trattoria, leckeres »Tiramisu«

Da Remigio 3
Castello, Salizzada dei Greci 3416
Tel. 041-5 23 00 89
traditionelle Trattoria, große Auswahl an Fischen und Meeresfrüchten

Al Mascaron 4
Castello, Calle lunga S. Maria Formosa 5225
Tel. 041-5 22 59 95
Osteria mit einfachen Holztischen, große Auswahl an Häppchen

Da Alberto 5
Cannaregio, Calle Giacinto Gallina 5401
Tel. 041-5 23 81 53, venezianische Spezialitäten

Fiaschetteria Toscana 6
Castello, Salizzada S.Giovanni Crisostomo 5719 · Tel. 041-5 28 52 81
tolle Desserts!

Osteria al Milion 7
Castello, Corte del Milion 5841
Tel. 041-5 22 93 02
beliebt bei Einheimischen

Trattoria dal Vecio Squeri
Castello, Campo delle Gatte 3210
Tel. 041-52 08 379, hausgemachte Pasta

CANAL GRANDE

Al Bacareto 1
San Marco, Calle delle Botteghe/ S.Samuele 3447 · Tel. 041-5 28 93 36
nahe Palazzo Grassi

Nono Risorto 2
Santa Croce , Sotoportego de Siora Bettina/Calle della Regina 2338
Tel. 041-5 24 11 69, Trattoria und Pizzeria, schöne Pergola

Antico Dolo 3
San Polo, Ruga Rialto 778
Tel. 041-5 22 65 46
traditionsreiche Osteria; üppige Fischplatten und tolle »biscotti secchi«

Agli Alboretti
Dorsoduro, Rio Terrà Foscarini 882
Tel. 041-5 23 00 58, schöne Pergola

Al Peoceto Risorto
San Polo, Calle Donzella 249
Tel. 041-5 22 59 53, gleich beim Fischmarkt von Rialto, schönes Ambiente

RUNDGANG RIALTO

Alla Madonna 1
San Polo, Calle della Madonna 594
Tel. 041-5 22 38 24, frischer Fisch und tolle Vorspeisen

Antico Panificio 2
San Polo, Campiello del Sale 945/A-B
Tel. 041-2 77 09 67
auch Pizza, gutes und preiswertes Essen

Da Ignazio 3
San Polo, Calle Saoneri 2749
Tel. 041-5 23 48 52
in verstecktem Garten; reichhaltige Speisekarte

Dona Onesta 4
Dorsoduro, Ponte della Donna Onesta 3922;
Tel. 041-71 05 86, ruhige Trattoria

L'Incontro 5
Dorsoduro, Campo S.Margherita 3062
Tel. 041-5 22 24 04, im Sommer im Freien

La Furatola
Dorsoduro, Calle Lunga San Barnaba 2870/a; Tel. 041-5 20 85 94, Spezialitäten »moleche« (kleine Krabben in Öl gebraten) und »pasticcio di pesce« (Fischpastete)

Antica Locanda Montin
Dorsoduro, Fondamenta di Borgo/ Rio delle Eremite 1147
Tel. 041-5 22 71 51, das schönste Gartenrestaurant Venedigs

Taverna San Trovaso
Dorsoduro, Fondamenta Priùli 1016
Tel. 041-5 20 37 03
viele Touristen, aber sehr gute Küche

Osteria Ai 4 Feri
Dorsoduro/Campo San Barnaba, 2754/A;
Tel. 041-5 20 69 78
gemütliches Lokal, bodenständiges Essen

SONSTIGE

Zucca
Santa Croce, S.Giacomo dell'Orio/
Ponte del Megio 1762
Tel. 041-5 24 15 70
Spezialität: Perlhuhn mit Kräutern

Altanella
Giudecca, Calle delle Erbe 268
Tel. 041-5 22 77 80
schöner Garten direkt über dem Kanal; köstliche Gnocchi-Nudeln

Gam Gam
Cannaregio, Sotoportego del
Ghetto Vecchio 1122
Tel. 041-71 75 38
koschere Küche, Speisen:
»Gefillter Fisch«, »Falafel«

MURANO

Ai Vetrai
Fondamenta Manin 29
Tel. 041-73 92 93
gute Fischgerichte zu günstigen Preisen

Busa alla Torre da Lele
Campo Santo Stefano 3
Tel. 041-73 96 62 guter Fisch

ANTICA TRATTORIA MURANESE
Rivalonga 20 · Tel. 041-73 96 10
billig, aber trotzdem gut

BURANO

AI PESCATORI
V. B. Galuppi 371 · Tel. 041-73 06 50
ausgezeichnetes Fischrestaurant

DA ROMANO
V. B.Galuppi 221 · Tel. 041-73 00 30
Fische aller Art

TORCELLO

Osteria al Ponte del Diavolo
Via Borgognoni 10 · Tel. 041-73 04 01
kleine, aber feine Speisekarte

Locanda Cipriani
Piazza Santa Fosca 29 · Tel. 041-73 01 50
berühmtes Restaurant, ehemalige Fischerkneipe, mit prächtigem Garten
(hohe Preisklasse!)

Pizzerien und anderes

RUNDGANG SAN MARCO

Antica Sacrestia 1
Castello, Calle della Sacrestia/
Campo SS.Filippo e Giacomo 4442
Tel. 041-5 23 07 49, Holzofen-Pizza

La Mascareta 2
Castello, Calle lunga S.Maria Formosa 5183;
Tel. 041-5 23 07 44
gute Crostini mit Käse und Salami

Chat Qui Rit
San Marco, Calle Tron/Frezzeria 1131
Tel. 041-5 22 90 86
venezianische Spezialitäten, gute Pasta, Selbstbedienung

Fiore
San Marco, Drosera delle Botteghe 3461
Tel. 041-5 23 53 10
»beste Häppchen« Venedigs

CANAL GRANDE

Fratelli Spagnol 1
San Polo, Calle de la Chiovere 3077
Tel. 041-52 03 627; Bäckerei, spezialisiert auf frische Pizza und Kräuterbrote

Aquila Nera 2
San Marco, Calle della Bissa 5403
Tel. 041-5 22 47 69, Trattoria mit Pizza, Tische im Freien

Alla Vedova 3
Cannaregio, Calle del Pistor 3912
Tel. 041-5 28 53 24
tolle Auswahl an Häppchen

RUNDGANG RIALTO

Do Mori 1
San Polo, Calle dei Do Mori 429
Tel. 041-5 22 54 01, bei Rialto-Händlern beliebt; rustikale Häppchen

Ai Pugni 2
Dorsoduro, Fondamenta Gherardini/ Campo S.Barnaba 2839
Tel. 041-5 23 98 31
Brötchen, Pizza und Pasta, schnell serviert

Bars und Leckereien

Schon vor über 300 Jahren gab es in Venedig die ersten Bars. Damals hießen sie noch »Botteghe del Caffè«, also Kaffee-Läden, und verkauften ein seltsames, schwarzes Getränk, das den meisten Venezianern noch unbekannt war. Zuvor gab es Kaffee nur in venezianischen Apotheken zu kaufen – als medizinisches Getränk! Venezianische Händler hatten den arabischen Kaffee, genannt »kahvé«, in Konstantinopel kennen gelernt und ihn nach Venedig gebracht.

Die erste »Bottega del Caffè« wurde im Jahr 1683 am Markusplatz eröffnet. Der »Kaffee-Laden« hatte sofort riesigen Erfolg. Am Markusplatz konnten die Venezianer zwischen 24(!) Cafés wählen. Bald entstanden davon so viele in Venedig, dass sich die Regierung gezwungen sah, keine »Kaffee-Bars« mehr zuzulassen. Alte Kaffeehäuser gibt es noch drei: das Caffè Florian (seit 1720), das Caffè Lavena (seit 1750) und das Caffè Quadri (seit 1775).

BARS

Florian 1
San Marco, Piazza San Marco 56–59
sicherlich eines der weltberühmtesten und schönsten Kaffeehäuser der Welt; mit hauseigenem Orchester

Chioggia 2
San Marco, Piazzetta San Marco 8
schöner Blick auf Markushafen, Dogenpalast und Markuskirche;
Tipp für eure Eltern: bester Espresso

Accademia Foscarini 3
Dorsoduro 878/C, bei Accademia-Brücke
mit tollem Blick auf Canal Grande

LECKEREIEN

Caffè Rosa Salva 4
San Marco, Campo S.Luca 4589
Süßes in allen Variatione, leckerstes Eis

Targa 5
San Polo, Ruga Ravano 1050
Berge von Kuchen

Marchini 6
San Marco, Ponte San Maurizio 2769
leckere Kuchen und Torten
(»Torta del Doge« – die Torte des Dogen)

Rizzardini 7
San Polo, Campiello dei Meloni 1415
Konditorei mit riesiger Auswahl an Kuchen, Spezialität: »baci in gondola« (»Gondola-Küsse«)

Harry's Dolci
Giudecca, Fondamenta S.Biagio 773
Kuchen und Törtchen;
Konditorei mit Blick auf Zattere

EISDIELEN

Zanzibar 8
Castello, Campo Santa Maria Formosa 5840
Super-Eis!

Riviera 9
Castello, Riva degli Schiavoni/
Ponte della Pietà 4153
Eis in allen Geschmacksrichtungen

Soldà 10
Cannaregio, Campo Santi Apostoli 4440
leckere Eis-Sorten

Causin 11
Dorsoduro, Campo Santa Margherita 2996
sicher eine der besten Eisdielen Venedigs

Millevoglie 12
San Polo, Salizzada di San Rocco 3033
gleich hinter Frari-Kirche

Paolin
San Marco, Campo Santo Stefano 2962
älteste Eisdiele Venedigs, riesige Auswahl

Nico
Dorsoduro, Zattere ai Gesuati 922
riesige Portionen, Schoko-Eis mit Sahnehäubchen; Spezialität: Nuss-Nougat-Eis (»Gianduia«)

Begriffserklärungen

APSIS
Apsis heißt der nischenanartige, meist halbrunde Raum der Kirche, der ihrem Hauptraum angefügt ist.

ALTES UND NEUES TESTAMENT
Die Bibel ist in zwei Hauptteile unterteilt: das Alte und das Neue Testament. Während das Neue Testament vom Leben, vom Tod und von der Auferstehung Jesu Christi berichtet, erfährt man aus dem Alten Testament, wie die Völker des alten Israel über Jahrhunderte hinweg gelebt haben. Die Erzählungen beginnen um das Jahr 1450 vor Christus und berichten unter anderem von der Schöpfungsgeschichte, dem Sündenfall und der Vertreibung aus dem Paradies, der Sintflut und dem Auszug der Juden aus Ägypten unter der Führung Mose. Das Alte Testament besteht aus 39 Büchern und ist die heilige Schrift des jüdischen Volkes. Während das Judentum sich ausschließlich nach dem Inhalt des Alten Testaments richtet, folgt das Christentum den Anweisungen und Gesetzen von Jesus Christus, die im Neuen Testament geschrieben stehen. Das Alte Testament ist aber auch für Christen wichtig, um über Gott und unsere Glaubensväter zu erfahren.

ARCHITEKTUR = Baukunst;
Architekt = griechisch: »Baumeister«.
Er entwirft Bauwerke, plant und überwacht ihre Ausführung.

BAROCK
Das Wort »Barock« stammt eigentlich aus dem Portugiesischen und bedeutet »unregelmäßige Perle«. Dieses Wort wurde ins Französische übernommen, wo man damit eine Kunstrichtung bezeichnete: »baroque« - »schiefrund«, »ausgefallen«. Der Barock ist eine Kunstepoche, die im 16. Jahrhundert von Italien ausging und sich in ganz Europa verbreitete. Diese Kunstform entwickelte den Stil der Renaissance *(siehe Begriff)* weiter. Baukunst, Bildhauerei und Malerei produzierten kraft- und schwungvolle Formen: Ob Wände, Statuen oder gemalte Figuren, sie sind allesamt in Bewegung und wirken sehr körperlich. Wenn man barocke Gemälde betrachtet, hat man oft den Eindruck, die Figuren wären wirklich und man könnte - und möchte - sie anfassen.

BASILIKA (Mehrzahl: Basiliken)
Basiliken waren im antiken Rom große Gebäude, die vielerlei Zwecken dienten. Sie wurden als Markt- und Gerichtshallen oder von den Kaisern als Audienzraum genutzt. Für die frühen großen christlichen Kirchen in Rom wurde die Form der antiken Basilika gewählt. Diese Bauform besteht aus einer großen Haupthalle, dem so genannten Mittelschiff, und Seitenschiffen. Das oben mit Fenstern versehene Mittelschiff ist breiter und höher gebaut als die Seitenschiffe. Basiliken sind wichtige Kirchen, und daher erhalten wichtige katholische Kirchen die Bezeichnung »Basilika«, ohne dass ihre Bauform eine Rolle spielt.

BENEDIKTINER

Als Benediktiner werden alle Mönche der katholischen Kirche bezeichnet, die dem Benediktinerorden angehören. Dieser Orden wurde im Jahr 529 vom heiligen Benedikt von Nursia gegründet. In diesem Jahr wurde auch das erste Benediktinerkloster in Montecassino in Italien errichtet. Die Mönche des Benediktinerordens leben nach Regeln, die ihr Ordensgründer im Jahr 530 verfasste. Diese Vorschriften, unter dem Namen »Benediktregel« bekannt, verpflichten die Benediktiner unter anderem dazu, auf Eigentum zu verzichten und arm zu leben; ihrem Vorgesetzten, dem Abt, zu gehorchen; nicht zu heiraten; und sich generell vom weltlichen, das heißt nichtkirchlichen Leben abzukehren. Die Benediktiner-Mönche sind an ihrer schwarzen Kutte, einem langen, weiten Gewand mit Kapuze, zu erkennen.

BYZANTINISCHES REICH

Das Byzantinisches Reich ist eine andere Bezeichnung für das Oströmische Reich. Seine Hauptstadt war Konstantinopel, die vom römischen Kaiser Konstantin im Jahr 330 n.Chr. erwählte zweite Hauptstadt des antiken römischen Reiches. Diese Stadt hieß auf Griechisch Byzanz, und somit wird das Oströmische Reich auch Byzantinisches Reich genannt. Im Jahr 395 n. Chr. wurde das antike Römische Reich in eine West- und eine Osthälfte geteilt. Durch die Angriffe von Germanen löste sich das Westreich mit seiner Hauptstadt Rom auf. Das Byzantinische Reich, das von einem Kaiser regiert wurde, bestand weiter. Es umfasste neben Teilen Italiens die Länder auf dem Balkan bis zur Donau, Kleinasien, Syrien, Ägypten und Libyen. Das Byzantinische Reich bestand, bis es von den Osmanen, einem türkischen Herrscherhaus, im Jahr 1453 erobert wurde. Die Stadt Byzanz wurde dann zur Hauptstadt des Osmanischen Reiches und heißt seitdem Istanbul.

DOMINIKANER sind Mönche, die dem Dominikanerorden angehören. Ordensgründer war der Spanier Dominikus Guzman. Die Dominikaner sind ein Predigerorden. Sie wollen über Predigten die Menschen für das Christentum gewinnen. Die Dominikaner sind mit einer weißen Kutte bekleidet, über die sie häufig einen schwarzen Mantel mit Kapuze (ebenfalls weiß) tragen.

EVANGELISTEN

In der katholischen Religionsgeschichte gibt es vier Evangelisten: den heiligen Markus, den heiligen Johannes, den heiligen Matthäus und den heiligen Lukas. Diese vier Heiligen werden auch durch Tiere oder Engel dargestellt. Der Löwe steht, wie ihr wisst, für den heiligen Markus; der Stier – oder Ochse – verweist auf den heiligen Lukas; der Adler auf den heiligen Johannes; und ein Engel deutet auf den heiligen Matthäus hin. Die Evangelisten tragen ihre Bezeichnung deshalb, weil sie in den vier Büchern des »Evangeliums« vom Leben von Jesus Christus berichten. Eine »schöne, gute Geschichte« – und genau diese Bedeutung hat das Wort »euangélion« im Griechischen, von dem »Evangelium« abstammt. Die vier Evangelisten haben die Ereignisse aus dem Leben Christi niedergeschrieben. Sie wollten damit einen Beweis für ihren festen Glauben liefern und den Menschen nachfolgender Generationen einen schriftlichen Bericht hinterlassen. Die Evangelien sind die ersten vier Bücher der insgesamt 27 Bücher des Neuen Testaments, in dem nicht nur vom Leben von Jesus Christus, sondern auch von seinem Tod und von seiner Auferstehung erzählt wird.

FRANZISKANER werden die Mitglieder des Franziskanerordens genannt. Der »Bettelorden« wurde im Jahr 1209 vom heiligen Franziskus von Assisi gegründet. Wie ihr Ordensgründer entsagen die Franziskaner-Mönche allem Luxus und Reichtum und leben in Armut. Damit wollen sie dem Beispiel von Jesus Christus folgen. Die Franziskaner könnt ihr an ihrer braunen Kutte mit Kapuze erkennen. Als Gürtel benützen sie einen weißen Strick mit drei Knoten.

FRESKO

Ein Fresko (Mehrzahl »Fresken«) entsteht, indem der Künstler direkt auf die frisch verputzte, noch feuchte Wand malt. Sobald der Putz trocknet, dringt die Farbe in den Putz ein und kann sich so über Jahrhunderte erhalten. Allerdings muss der Maler bei einem Fresko schnell und in kleinen Abschnitten arbeiten, denn der Putz trocknet schnell und lässt dann keine Veränderungen mehr zu.

GOTIK

Die Gotik ist eine Stilepoche der europäischen Kunst im Hoch- und Spätmittelalter, also etwa zwischen den Jahren 1150 und 1520. Der Name »Gotik« entstand im Italien der Renaissance. Dort war »Gotik« ein abschätzig gemeinter Begriff für die Kunst, wie sie damals in Frankreich, Deutschland und England geschaffen wurde. Diese Kunst, die sich nicht am Vorbild der antiken Kunst *(s. Begriff »Renaissance«)* anlehnte, hat man damals in Italien als »gotisch« bezeichnet - nach dem Volk der Goten. Und diese galten als barbarisch: Heute aber wird der Begriff ganz neutral für eine Kunstepoche verwendet. Angewandt wird der Begriff auf Bauten, Gemälde und auch Arbeiten von Bildhauern.

HEILIGE

Heilige sind Menschen, die aufgrund ihrer herausragenden religiösen Tugend, oder weil sie für ihren Glauben den Märtyrertod *(siehe Begriff »Märtyrer«)* gestorben sind, von den katholischen Gläubigen verehrt werden. Heilig sind die Mutter Gottes – Maria, die Apostel sowie Märtyrer, wie der heilige Sebastian. Die Heiligsprechung geschieht durch den Papst, das Oberhaupt der römisch-katholischen Kirche. Die Voraussetzung, dass Menschen heilig gesprochen werden, ist, dass sie bereits verstorben sind.

IKONE

Das Wort »Ikone« leitet sich vom griechischen Wort »eikon« ab und bedeutet so viel wie Bild oder Abbild. Auf Ikonen sind Jesus Christus, Maria, die Mutter Gottes, Heilige und Engel auf goldenem Hintergrund dargestellt. Der Künstler hat dabei direkt auf ein Stück Holz von kleiner oder mittlerer Größe gemalt. Ikonen sind vor allem im östlichen Europa weit verbreitet. Hier werden sie auch in Privatwohnungen aufgestellt und als Heiligenbilder verehrt. In Kirchen wird die Ikonostase *(siehe Begriff)* häufig mit Ikonen geschmückt.

IKONOSTASE

Die Ikonostase ist eine mit Bildern oder Ikonen versehene Schranke zwischen dem Altarraum und dem Hauptraum der Kirche, wo sich die Gemeinde versammelt. In byzantinischen Kirchen besteht diese Schranke aus einer hohen Wand mit drei Türen. Die Ikonostasen der katholischen Kirchen sind nur im unteren Bereich mit Marmorplatten geschlossen. Dazwischen stehen meist Säulen, die einen Bildstreifen oder einen Balken mit Statuen tragen.

KREUZGANG

Der Kreuzgang ist ein Teil des Klosters. Er ist ein überdachter Gang, der einen meist quadratischen Hof (Garten mit Brunnen) umschließt. Der Kreuzgang wird in Mittelalter und Barock von zumeist schön gearbeiteten Säulen begrenzt und war ursprünglich nur den Ordensmitgliedern zugänglich. Er ist als Ort des Gebetes und der Sammlung gedacht.

MÄRTYRER

Märtyrer werden Menschen genannt, die für ihren religiösen Glauben schweres körperliches Leid oder den Tod auf sich genommen haben.

MOSAIK

Mosaiken werden aus zahlreichen farbigen Einzelstücken zusammengesetzt. Meist sind es Glas- oder Goldglassteinchen, die in einem Grund aus Kalk, Zement oder Gips befestigt werden. Bereits im antiken Griechenland wurden Mosaiken mit Abbildungen von Tieren oder Pflanzen hergestellt. Die Griechen haben damit die Fußböden ihrer Villen und Paläste ausgelegt. Die Römer übernahmen diese Kunstform und verfeinerten sie: Auf Mosaiken wurden nun Götter, Kaiser und Befehlshaber sowie Szenen aus dem Alltagsleben dargestellt. In den frühchristlichen Kirchen schmückte man mit Mosaiken außer den Boden auch Wände und Decken. Venedig übernahm die Mosaikkunst aus Byzanz. Goldene Kirchen-Mosaiken sollten keine einfachen Abbilder von Christus, Maria und den Heiligen, sondern goldstrahlende Erscheinungen des Göttlichen sein.

Bei einem **RELIEF** arbeiten die Künstler Figuren und Szenen in eine Hintergrundfläche aus Stein, Holz, Elfenbein und anderen Materialien hinein oder aus ihr heraus. In der Antike wurden Bauwerke wie Tempel, Triumphbögen, Sarkophage und Säulen mit Reliefs verziert. Im Mittelalter hat man damit etwa auch Goldschmiedearbeiten, Bronzetüren oder Taufbecken geschmückt.

RELIQUIEN sind Überreste und Gegenstände von verstorbenen Heiligen (siehe Begriff). Sie wurden von Gläubigen und Pilgern als Geschenke und Zeichen ihres Glaubens den Kirchen vermacht. Besonders begehrt und kostbar waren Gegenstände aus Palästina, die mit Christus, der Gottesmutter oder den Aposteln in Verbindung gebracht werden konnten. Von den Überresten der Heiligen soll eine besondere Kraft ausgehen.

RENAISSANCE
Mit diesem Wort bezeichnet man allgemein einen geschichtlichen Zeitraum, besonders aber eine Kunstepoche, die sich in Italien Anfang des 15. Jahrhunderts herausbildete und sich anschließend in ganz Europa verbreitete. Im Mittelalter betrachteten die Menschen alles Dasein als Schöpfung Gottes. Und Gott war Mittelpunkt des Lebens und Denkens der Menschen. In der Renaissance veränderte sich dieses »Weltbild«. Gott blieb weiterhin Mittelpunkt der Schöpfung, doch die Menschen begannen sich für die Beschaffenheit der Schöpfung zu interessieren. Sie wollten den Menschen und die Welt kennen lernen. Wissenschaften wie Medizin und Mathematik wurden vorangetrieben. Es folgte die Zeit der großen Entdeckungen (Amerika, Indien). Die Künste - allen voran Baukunst, Bildhauerei und Malerei - nahmen einen großen Aufschwung. Die antike Kunst diente hier als Vorbild. Ihre Zeugnisse wurden studiert und weiterentwickelt. Der Malerei der Renaissance ging es in der Hauptsache darum, die Dinge getreu ihrem Aussehen abzubilden. Möglich war das Aufblühen der Künste nur durch den steigenden Reichtum von Bürgern, Adeligen und kirchlichen Einrichtungen, die als Auftraggeber wirkten. Berühmte Künstler jener Zeit verdienten nicht nur viel Geld, sondern waren bereits damals in der Öffentlichkeit sehr angesehene Leute (wie Leonardo da Vinci, Raffael, Michelangelo oder der Nürnberger Albrecht Dürer). Die Renaissance endet in Italien um 1580, als sich der Barock *(siehe Begriff)* durchsetzt.

Bei einem **RELIEF** meißeln die Bildhauer Figuren und Szenen aus einer Hintergrundfläche aus Stein, Holz, Elfenbein und anderen Materialien. In der Antike wurden Bauwerke wie Tempel, Triumphbögen, Sarkophage und Säulen mit Reliefs verziert. Im Mittelalter hat man damit auch Goldschmiedearbeiten, Bronzetüren, Kanzeln, Taufbecken geschmückt.

SÄULE
Die Säule ist ein Mittel der Baukunst. Sie hat im Querschnitt die Form eines Kreises und dient als Stütze, die Decken oder Balken trägt. Der Fuß, auf dem sie steht, heißt Basis. Der obere Abschluss wird Kapitell genannt.

TOURISTEN
Touristen sind Reisende, die sich für eine begrenzte Zeit an einem anderen Ort als ihrem Wohnort aufhalten. Touristen kann man in etwa mit Urlaubern gleichsetzen. Von Touristen und dem Geld, das sie während ihrer Reise ausgeben, profitieren die bereisten Länder, Städte und Gegenden.

Index

(Begriffe, Namen und Schauplätze - und
auf welcher Seite ihr diese im Text findet)

Wollt ihr weitere Abenteuergeschichten mit Pollino und Pollina erleben?

Aus dieser Reihe sind bisher folgende Bücher erschienen:

München ISBN 3-937600-04-3

Rom ISBN 3-932000-58-7

Adria-Inseln ISBN 3-932000-68-4

Gardasee ISBN 3-937600-03-5

Oder habt ihr Lust auf spannende Hörspiele mit Pollino und Pollina auf CD?

Pollino und Pollina in Venedig: »Die Jagd nach der Zaubergondel«

Pollinos und Pollinas neuer Freund Remo, ein waschechter Venezianer, hat eine superschnelle Zaubergondel gebaut. Mit ihr will er die alljährliche Wettfahrt der Gondolieri in Venedig gewinnen. Doch seine Konkurrenten rauben ihm das wichtigste Teil seiner Gondel. Remo, Pollino und Pollina machen sich auf die Jagd. Ihr erfahrt dabei eine Menge Wissenswertes und Aufregendes über Venedig, die bezaubernde Stadt im Meer.

ISBN 3-937600-01-9

Pollino und Pollina in München: »Fußballballfieber – Heldengeschichten aus München«

Pollino und Pollina lernen Thomas, einen Fußball-begeisterten Schwabinger Burschen kennen. Er steckt momentan in einer tiefen Fußballkrise. Da tritt ein Mann auf, der behauptet, er sei im Mittelalter ein berühmter Held gewesen und könne daher Thomas mit einem Wundermittel helfen. Er stellt den Kindern ein kniffliges Rätsel, das sie lösen sollen. Das Entscheidungsspiel steht vor der Tür. Wird es Thomas gelingen, rechtzeitig zu alter Form zurückzufinden? Pollino und Pollina stehen ihm bei, und ein »echter« Jugendtrainer des FC Bayern München gibt ihm wertvolle Tipps!

ISBN 3-937600-02-7

Nachweis der Abbildungen:
Patrizia Nicolato-Slanina, München:
24, 46(r.), 52, 56, 70, 97, 164, 165

APT (Azienda Promozione Turistica)
di Venezia: 34, 46, 84, 100(r.), 101(o.),
110 (o.), 120, 124, 150, 167

Archiv für Kunst und Geschichte, Berlin:
31, 59, 60, 63, 64, 108, 152, 153, 154, 159

Alle anderen Fotos:
Bernd O. Schmidt, München

Meine Notizen